ANJA CONSTANCE GACA | SUSANNE MIERAU

MEIN SCHREIBABY

verstehen und begleiten

THEORIE

PRAXIS

SERVICE

ANJA CONSTANCE GACA
ist Hebamme, IBCLC, Krisenbegleiterin und vierfache Mutter

SUSANNE MIERAU
ist Diplom-Pädagogin, Familienbegleiterin und Traumatherapeutin (HP)

»Das Schreien Ihres Babys ist die Sprache, die es zu hören, zu deuten und auf die es zu reagieren gilt.«

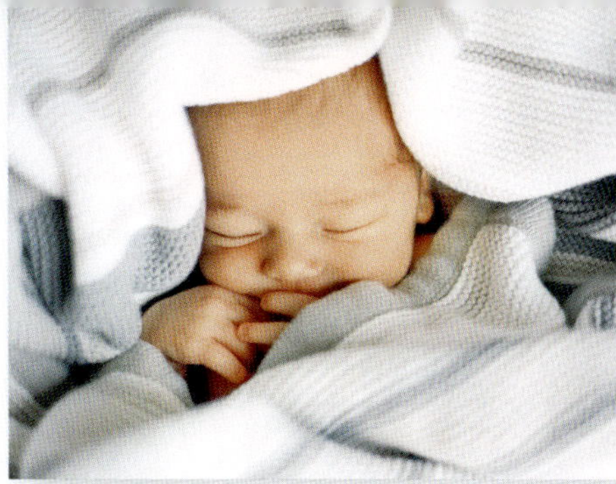

EIN WORT ZUVOR

Endlich liegt er in unseren Armen: der kleine Mensch, der so lange im Mutterleib gewachsen ist und dessen Geburt wir ersehnt haben. Wir streichen über weiche Haut, liebkosen und küssen es – unser Baby! Es könnte so wunderbar sein, wären da nicht das Weinen und Schreien und die fehlende Antwort auf die Frage, was das Baby denn braucht und wie das Weinen beendet werden kann.

ALLE BABYS WEINEN – ABER MANCHE MEHR ALS ANDERE

Es ist normal, dass Babys weinen. In ihrer noch eingeschränkten Ausdrucksweise (oder unserem noch nicht ausgeprägten Verständnis der Sprache des Babys) ist es ein Signal, das uns mitteilen soll: Etwas ist für mich nicht in Ordnung, hilf mir! Doch die Suche nach dem Auslöser kann für Eltern am Anfang schwierig sein. Oft werden die verschiedensten Ideen erfolglos ausprobiert.

»Entspannte Eltern, entspannte Babys« heißt es so oft. Doch was, wenn sich das Baby einfach nicht entspannen kann und sehr häufig und lang weint? Die Gründe hierfür können vielfältig sein und liegen nicht unbedingt darin, dass die Eltern nicht entspannt genug wären. Wenn ein Baby anfangs mehr weint als andere Babys, sagt das nicht zwangsläufig etwas über die elterlichen Kompetenzen aus.

Jetzt und in späteren Jahren ist es wichtig, das Kind zu beobachten und auf Basis dieser Beobachtungen zu ergründen, in welcher der vielen Ursachen das Schreien des Babys begründet sein könnte. Beobachten – Verstehen – Handeln sind die Eckpfeiler der Babyberuhigung, die wir Ihnen in diesem Buch vermitteln wollen.

WARUM SCHREIEN BABYS?

ALLE BABYS SCHREIEN, ABER MANCHE MEHR ALS ANDERE. WICHTIG IST ZUNÄCHST ZU VERSTEHEN, WARUM BABYS ÜBERHAUPT SCHREIEN UND WARUM WIR UNS NICHT AM SCHREIEN, SONDERN AM BEDÜRFNIS DAHINTER ORIENTIEREN SOLLTEN.

DIE BEDÜRFNISSE EINES BABYS

Nach der Geburt ist zunächst alles anders für das Baby. Eine völlig neue Welt tut sich auf, in der es sich mit unserer Hilfe nach und nach zurechtfinden muss. Und wir als Eltern müssen einen Weg finden, das Verhalten unseres Babys im Lauf der Zeit immer besser zu verstehen. Das ist nicht einfach, wenn unser Baby anscheinend ganz andere Bedürfnisse hat als andere Babys und mehr weint als andere.

Wann Babys weinen

Babys kommen schon sehr kompetent auf die Welt und können sich auf vielfältige Weise ausdrücken. Für einzelne Bedürfnisse haben sie verschiedene Ausdrucksmöglichkeiten. So gibt es beispielsweise den Suchreflex, mit dem sie nach der mütterlichen Brust suchen, wenn sie Hunger haben. Oder sie werden unruhig, zappeln, unterbrechen

das Trinken und stoßen einen Schrei aus, wenn sie ausscheiden müssen. Sie blicken wach und aufmerksam um sich, wenn sie zur Interaktion bereit sind, und sie wenden sich ab, wenn sie müde werden.
Werden die kleinen Signale übersehen oder können sie von den Eltern noch nicht gelesen werden, verstärken sie sich bis hin zum Schrei, der das Maximum des Ausdrucks ist, dass etwas gerade nicht stimmt und wir das Baby mit Aufmerksamkeit, Nahrung oder Pflege versorgen sollen. Gehen wir darauf ein, beendet das Baby das Schreien.
Das tun jedenfalls die meisten Babys. Es gibt jedoch so manche, deren Verhalten nicht so einfach zu deuten ist oder die zwar diese Verhaltensweisen zeigen, aber dann nicht mit dem vermeintlich zum Signal passendem Angebot zu beruhigen sind oder sich nur kurzfristig beruhigen lassen.

Das empfindsame Baby

Dem amerikanischen Wissenschaftler-Ehepaar Alexander Thomas und Stella Chess zufolge werden ungefähr zehn Prozent aller Kinder, die geboren werden, als besonders empfindsam und irritierbar bezeichnet – und dies von Anfang an, denn das kindliche Temperament ist angeboren.
Es ist nicht eindeutig nachweisbar, ob es heute mehr Babys gibt als früher, die viel weinen. Neben dem angeborenen Temperament gibt es aber Faktoren, die sich in den letzten Jahrzehnten stark verändert haben und die sich auch auf die Empfindsamkeit des Babys auswirken können. Hier ist insbesondere der Stress zu nennen, dem Schwangere und Familien ausgesetzt sind, zum Beispiel durch Arbeitsbelastung, »Vereinbarkeit« oder medizinische Maßnahmen. Schon während der Schwangerschaft kann sich Stress auf die Empfindsamkeit eines Babys auswirken.

Kinder unterscheiden sich

Es gehört zum natürlichen Verhalten des Kindes, dass Babys weinen. Wie oft sie weinen, ist sehr unterschiedlich – und einige weinen wesentlich häufiger als andere. Zwar können wir durch unser Erziehungsverhalten ein wenig Einfluss nehmen auf das konkrete Verhalten und auch die Erfahrungen, die das Kind im Laufe des Lebens sammelt, wirken sich aus. Eine bestimmte Grundmelodie des Temperaments aber bleibt ein Leben lang bestehen. Das Kind ist, wie es ist, und wir begleiten es auf diesem Weg so gut wir das eben können.
Während »easy« Babys also problemlos einen eigenen Rhythmus finden und gute Schläfer sind, sind »difficult« Babys leicht irritierbar, weinen mehr und sind schreckhafter. Ihre Stimmung schlägt schneller um, was es Eltern erschwert, rechtzeitig zu reagieren. Sie haben deswegen besondere Bedürfnisse und stellen an Eltern andere Anforderungen als »easy« Babys.

VERHALTENSZUSTÄNDE DES BABYS NACH MARGARITA KLEIN

Die Hebamme, Diplom-Pädagogin und Familientherapeutin Margarita Klein, die eine einfache Babymassage auf der Grundlage der Schmetterlingsmassage von Eva Reich und anderen Massagetechniken entwickelt hat, begleitet seit vielen Jahren Eltern und Babys beim Start ins Leben. Sie hat folgende Verhaltenszustände des Babys beschrieben.

Wach und aufmerksam: Das Baby hat offene Augen und wendet sich gezielt Dingen zu. Seine Körperspannung ist ausgeglichen und es ist bereit für Interaktion.

Wach und nach innen gekehrt: Das Baby wird schnell müde und hat ein geringes Aufnahmevermögen. Es wendet das Gesicht ab, da es eine Pause braucht. Jetzt möchte es nicht unterhalten werden, weil es sonst überreizt wird.

Wach und angespannt: Das Baby hat offene Augen, die eventuell etwas starr wirken. Es macht hektische Bewegungen und ist auf der Suche nach Reizen, die es ablenken. Vielleicht versucht es auch, sich selbst zu beruhigen. Wichtig ist nun: Das Baby keinen weiteren Reizen aussetzen, sondern ihm Ruhe und Halt anbieten.

Dösen: Das Baby befindet sich in der Vorstufe des Schlafes, die Augen fallen immer wieder zu, aber es schläft noch nicht ganz.

Offene Augen, die an Trance erinnern: Vor allem nach dem Stillen ist das Baby manchmal in einem Zustand, der an Trance erinnert, da es mit offenen Augen starr vor sich hin blickt. Jetzt sollte es nicht gestört werden, denn häufig findet in diesem Zustand der Übergang zum Schlaf statt.

Schlafen: Auch bei Babys wechseln sich die Schlafphasen ab zwischen ruhigem Tiefschlaf und bewegtem REM-Schlaf (▶ **siehe Seite 103**). Das Baby versichert sich immer wieder der beruhigenden Nähe der Bezugspersonen und erwacht, wenn es ausgeschlafen oder beunruhigt ist.

Quengeln: Quengeln ist eine Zwischenphase, bis ein anderer Zustand erreicht wird. Das Baby fordert mit diesem Verhalten Ruhe oder Anregung.

Schreien: Das Baby drückt damit Unwohlsein aus und verlangt nach Beruhigung durch Bezugspersonen.

Schreie sind schwieriger zu deuten

Es ist viel schwieriger, das Weinen und Schreien des Babys zu interpretieren als die kleinen Anzeichen zuvor. Untersuchungen haben gezeigt, dass selbst erfahrene Säuglingskrankenschwestern das Schreien von Babys nur zu 50 Prozent richtig deuten können. Zudem geraten wir in Stress, wenn das Baby weint, weil wir dies (von der Natur so vorgesehen) unbedingt beenden wollen.
Da es so schwierig ist, vom Weinen auf die Ursache zu schließen, kommt es umso mehr darauf an, nach und nach die kleinen Signale des Babys verstehen zu lernen, um *vor* dem Weinen eingreifen und sein Bedürfnis erfüllen zu können.

Den Grund für das untröstliche Weinen erkennen lernen

Bei Babys, die ein von der Norm abweichendes Schreiverhalten zeigen, ist es zudem besonders wichtig, dass Eltern nicht nur die Signale für Bedürfnisse verstehen lernen. Sie sollten vor allem auch die Gründe für mögliche andere Reaktionen verstehen, um das Baby richtig einzuschätzen und auf dieser Basis handeln zu können.
Auf diese Gründe gehen wir in Kapitel 2 (▸ **siehe Seite 34 ff**) noch näher ein. Denn

INFO

IST MEIN KIND EIN SCHREIBABY?

Der Begriff »Schreibaby«, den wir auch im Titel dieses Buches verwenden, hat sich als Begriff für untröstlich weinende Babys etabliert. Doch auch wenn Ihr Baby gerade viel und untröstlich weint, ist es nicht einfach nur ein Schreibaby, sondern Ihr wundervolles Kind, das Sie gerade durch sein vermehrtes Weinen ganz besonders fordert.
Übertragen Sie deshalb diesen Begriff nicht einfach auf Ihr Kind, wodurch es primär auf sein Schreiverhalten reduziert wird. Das Wort Schreibaby soll eigentlich nur eine Situation oder ein Verhalten beschreiben, aber niemals Ihr Baby als Person. Nehmen Sie Ihr Kind also immer als ganzen Menschen wahr, auch wenn das Schreien Ihren Alltag momentan vielleicht sehr beeinflusst. Und machen Sie auch Ihr Umfeld darauf aufmerksam, wenn es unbedacht mit diesem Begriff umgeht. Es wäre zu wünschen, dass sich zukünftig ein passenderes Wort etabliert. Wir sprechen in diesem Buch deshalb auch oft von erhöhten Bedürfnissen oder eben untröstlich weinenden Babys.

eines ist klar: Alle Eltern wollen das andauernde Weinen des Babys verhindern, aber einige haben einen schwierigeren Weg dorthin, weil das Verhalten des Kindes schwerer verständlich ist und von dem Verhalten der meisten anderen Kinder abweicht.

Der schwierige Weg zum Verstehen des Kindes

Um einen guten Weg mit Babys, die viel weinen, zu finden, müssen wir einen dreistufigen Weg gehen: Beobachten – Verstehen – Handeln. Insbesonders der zweite Schritt des Verstehens ist bei viel weinenden Babys von großer Bedeutung. Oft reagieren Eltern nur in zwei Schritten: Sie beobachten – und handeln. Weint das Baby, nehmen sie es auf den Arm oder stillen beziehungsweise füttern es zur Beruhigung. Bei vielen Babys funktioniert das zweistufige Vorgehen auch problemlos, bis sich eine differenziertere Kommunikation eingespielt hat.
Generell ist es dennoch wünschenswert, dass Eltern den zweiten Schritt des Verstehens in ihren Familienalltag einbinden. Bei viel weinenden Babys ist das Verstehen der Gründe allerdings unerlässlich, um langfristig ein passendes Beruhigungsangebot auswählen zu können.

Wird ein weinendes Baby auf den Arm genommen, beruhigt es sich meist rasch.

INFO

WELTWEIT HILFE NUMMER 1: TRAGEN

2017 hat eine vergleichende Studie mit über 684 Frauen aus elf verschiedenen Ländern ergeben, dass es ein kulturübergreifend gleiches Handeln bei Müttern gibt, wenn ihre Babys weinen: Sie nehmen sie auf den Arm, tragen sie und sprechen mit ihnen. Ablenkung oder Kuscheln sind eher nicht die Mittel der Wahl.

Fehlende Vorbilder und Lernerfahrungen

Wenn uns das Verstehen schwerfällt, so liegt das daran, dass wir als Eltern zwar von Natur aus darauf vorbereitet sind, das Baby beruhigen zu wollen, und dafür mit einigen grundlegenden Verhaltensweisen ausgestattet wurden, dass aber die richtige Interpretation auch eine Frage der Übung ist.
Diese Übung ist es, die uns heute fehlt, denn bevor wir selbst Eltern werden, haben wir nur wenige Möglichkeiten, mit Babys und Kleinkindern zusammen zu sein. Uns fehlt es an Vorbildern und auch an Probesituationen, in denen wir lernen, wie wir mit dem Baby umgehen können. Geburtsvorbereitungskurse, YouTube-Videos und Foren bereiten uns nicht darauf vor, wie es wirklich sein wird, das eigene weinende Baby im Arm zu halten.

> **TIPP**
>
> **URSACHENFORSCHUNG IST DAS A UND O**
>
> Wenn wir ein Baby, das häufig untröstlich weint, verstehen wollen, sollten wir während des Weinens nicht nach dem Grund suchen, sondern nach den Ursachen und Rahmenbedingungen zuvor. Der erste wichtige Eckpfeiler zur Babyberuhigung ist deswegen die Beobachtung. Ein Tagesprotokoll kann dabei helfen (▸ **siehe Umschlaginnenseite hinten**).

Natürliche Verhaltensweisen

Die Natur hat uns einige Verhaltensweisen mitgegeben, die wir unseren Kindern gegenüber zeigen: Beispielsweise sprechen Erwachsene und schon Kleinkinder auf der ganzen Welt ein Baby mit einer anderen Sprache an, einem Singsang in einer höheren Stimmlage. Diese sogenannte Ammensprache erleichtert die Kommunikation mit dem Baby und ermöglicht einen besseren Zugang zu ihm. Auch der Wunsch, das Weinen und Schreien des Babys zu beenden, ist in uns angelegt: Schreit ein Baby, reagieren wir instinktiv und wenden uns ihm zu, selbst wenn es nicht einmal unser eigenes Baby ist. Der Schrei eines Babys ist ein Notsignal, auf das wir unwillkürlich reagieren.

Mein Baby spricht eine andere Verhaltenssprache

Wird das Baby mit einem besonders sensiblen oder starken Temperament geboren oder gibt es medizinische Einflussfaktoren, erschwert das die Interpretationsmöglichkeit der Eltern, denn dieses Baby zeigt noch einmal andere Verhaltensweisen als die vielleicht wenigen anderen der Umgebung. Die Eltern fragen sich dann schnell: Was mache ich nur falsch? Warum reagiert mein Kind

Durch Zuwendung und Aufmerksamkeit lernen Eltern, die Signale ihres Kindes zu verstehen.

auf meine Handlungen nicht wie die anderen Babys? Doch der Grund liegt nicht unbedingt in den Handlungen der Eltern, sondern darin, dass dieses eine Baby eben eine »andere Sprache« spricht als die Babys der Umgebung oder andere Bedürfnisse hat. Die Eltern müssen lernen, diese speziellen Signale mit speziellen Handlungen zu beantworten, die manchmal ganz anders sind als bei den Nachbarskindern. Die große Aufgabe für uns Eltern besteht darin, die jeweils passende Reaktion auf die Signale des Babys zu finden und seine individuellen Bedürfnisse anzuerkennen. Diese Aufgabe begleitet uns das gesamte Elternleben und stellt uns je nach kindlicher Persönlichkeit vor größere oder kleinere Herausforderungen.

Auch wenn Eltern schon Kinder haben, kann ein neues Geschwisterkind mit einem sensiblen Temperament oder anderen Besonderheiten geboren werden, die von den Eltern ganz andere Handlungsmuster verlangen. Die Gründe für häufiges Weinen sind wesentlich komplexer als der oft geäußerte Vorwurf: Dein Baby schreit viel, dann machst du etwas falsch.

SIE WERDEN ES NIE VERSTEHEN

Menschen, die superentspannte Babys oder auch nur »mittelmäßig« entspannte Babys haben, werden nie verstehen können, was wir durchmachen, wir, die wir leider nicht solche Kinder bekommen. Sie kennen die Panik nicht, wenn das Kind zu früh aufwacht. Die Eine-Minute-Dusche und immer wieder die Dusche ausmachen, um zu lauschen, ob da nicht doch wieder Geschrei ist. Überhaupt das Phantom-Geschrei, das ich ständig höre! Sie fragen sich, warum das Kind schon so früh einen Schnuller antrainiert bekommt, weil sie keine Ahnung haben, wie es ist, wenn man stundenlang ein brüllendes Baby zu beruhigen versucht. Sie sagen: Tragen, Stillen – ist doch ganz einfach, das Geheimnis zufriedener Babys – und sie haben keine Ahnung.
Die Allerschlimmsten sagen: Vielleicht seid ihr nicht entspannt? Da muss ich mich richtig zusammenreißen.
littleyears.de

Eltern sollten sich nicht isolieren

Es ist eine sehr schwierige Zeit für Eltern, bis sie verstehen und annehmen, dass ihr Kind anders ist als andere und andere Handlungsmuster braucht. Es ist eine Zeit, in der viel infrage gestellt wird, eine Zeit der Erschöpfung, des Missmuts, der Sorgen, Zweifel und Ängste. Und oft ist es auch eine Zeit der Isolation, wenn sich das Gefühl einschleicht, anders zu sein als andere.

Gerade beim ersten Baby denken viele Eltern, dass sie etwas falsch machen, wenn ihr Kind viel weint. Oder die Umgebung lässt sie mit verunsichernden Aussagen zurück und vermittelt ihnen das Gefühl, sie seien selbst schuld an der Situation. Ein Kreislauf der Verunsicherung kann so entstehen, der mitunter zur Folge hat, dass sich Eltern aus Scham immer seltener an Außenstehende wenden und über ihre Probleme sprechen. Sie ziehen sich immer weiter zurück, was die Probleme verstärken und zu Vereinsamung und Depression führen kann.

Deswegen ist es so wichtig, von Anfang an zu wissen: Wenn Ihr Baby viel weint und schreit, sollten Sie Hilfe in Anspruch nehmen. Nicht, weil Sie eine schlechte Mutter oder ein schlechter Vater sind, sondern weil Ihr Baby ein besonderes Baby ist und Sie Unterstützung brauchen, um es in seinen individuellen Bedürfnissen zu begleiten.

Wie wir in einem späteren Kapitel (▸ **siehe Seite 34 ff.**) noch sehen werden, kann das Schreien des Babys viele Ursachen haben.

> »Keine Mutter ist eine schlechte Mutter, kein Vater ein schlechter Vater, weil das Baby besonders viel weint.«
>
> SUSANNE MIERAU

Wichtig: Kontakt zu Menschen, die Verständnis haben

Seien Sie mutig und gehen Sie offen auf andere Menschen zu. Sagen Sie ihnen, dass die Ursachen des Schreiens unklar sind, oder erklären Sie, dass Ihr Baby besonders empfindsam ist. Distanzieren Sie sich jedoch von Menschen, die Ihnen Schuld am Verhalten des Babys geben wollen, und suchen Sie sich Gruppen und Kurse, in denen Sie sich austauschen können über die Belastungen, die Sie erleben.

Es ist von großer Bedeutung, einen Teil der Last durch Gespräche abzugeben und manchmal auch einfach in freundlicher Umgebung weinen zu dürfen und getröstet zu werden. Genauso wie Ihr Baby seine Anspannung durch das Weinen und Schreien loslässt, brauchen auch Sie diese Möglichkeit und Menschen, die Ihnen Verständnis, Halt und Trost bieten.

DAS (ER)LEBEN IM MUTTERLEIB

Um die Bedürfnisse eines Babys zu verstehen, müssen wir beachten, aus welcher Umgebung es kommt: Die Erfahrungen, die es im Mutterleib gemacht hat, haben sein Erleben bislang geprägt und fehlen ihm nun. Die Umstellung auf das Leben außerhalb des Mutterleibs ist für nahezu alle Babys eine Herausforderung, aber für manche noch schwerer als für andere. Das Verstehen ist jedoch eine grundlegende Voraussetzung für mögliche Hilfsangebote, die dem Neugeborenen den Übergang erleichtern können.

Sinneswahrnehmungen

Schon im Mutterleib werden die Sinne des Babys ausgebildet und dienen der Wahrnehmung. Von all unseren Sinnen ist es der Tastsinn, der als Erstes entsteht und das Baby bei der Entwicklung begleitet: Es be-

INFO

FEST UMSCHLOSSEN

Tragetücher, Babytragen, Pucksäcke, Pucktücher und Babynester sind Nachbildungen der Hülle der Gebärmutter. Näheres dazu erfahren Sie im letzten Kapitel, ▸ **siehe Seite 95 ff.**

rührt sich nicht nur selbst, sondern nimmt mit zunehmendem Wachstum die eigenen Körpergrenzen wahr durch die umgebende Gebärmutter, die es mehr und mehr ausfüllt. Zur Geburt hin ist es eingehüllt und gehalten von diesem Raum, der wie eine weitere Haut um seinen Körper liegt. Während der Geburt wird es rhythmisch umfasst und stark gepresst, bis es nach der Geburt zum ersten Mal eine Art Grenzenlosigkeit erfährt, weil die vertraute enge Hülle auf einmal nicht mehr vorhanden ist.

Nun fehlt auch die Wärme, die das Baby bislang umgab: 37,5 °C misst die Temperatur des Fruchtwassers, während als Schlafraumtemperatur für Babys 18 °C empfohlen werden zur Vorbeugung des plötzlichen Kindstodes. Das ist ein großes Temperaturgefälle für das Baby. Vom nahezu tropischen Klima gelangt es in eine kühle Umgebung, in der es Kleidung zur Aufrechterhaltung der Körpertemperatur tragen muss – ein bisher unbekanntes Gefühl.

Hinzu kommt ein weiteres Körperempfinden, das dem Baby bisher nicht bekannt war: Schmerz in Form von körperlichem Unbehagen oder Hunger. Bis jetzt wurde es über die Nabelschnur ernährt und war zu jeder Zeit rundum versorgt. Nun lernt es das Hungergefühl kennen. Es muss mit unbehaglicher Kleidung oder unbequemer Lagerung zurechtkommen – oder mit einem bislang unbekannten Schmerz im Bauch, weil sein Darm sich erst an die Nahrung gewöhnen muss. All diese Gefühle und Körperwahrnehmungen sind neu und zunächst beängstigend. Das Baby weint, um seinem Unbehagen Ausdruck zu verleihen.

Nach der Geburt fehlt dem Baby plötzlich die wohltuende Enge des Mutterleibs.

WICHTIG

KLEIDUNG ZUM WOHLFÜHLEN

Babykleidung muss bequem und praktisch sein, nicht in erster Linie niedlich: Etiketten sollten entfernt werden, Babys sollten nicht auf Kleiderfalten oder gar auf Knöpfen oder Reißverschlüssen liegen. Insbesondere sehr empfindsame Kinder können mit starker Irritation auf solche Störfaktoren reagieren – mitunter viele Jahre lang.

Neue Eindrücke für Augen und Ohren

Obwohl der Klang der Stimme der Mutter und einige andere Geräusche bereits bekannt sind, klingen sie nun außerhalb der Gebärmutter anders. Schon 20 Wochen nach der Befruchtung nimmt das Baby Geräusche wahr, wobei sie von außen nur gedämpft an sein Ohr dringen und die Geräuschwelt des Kindes besonders aus Atmung, Herzschlag und Verdauung besteht – eine niemals stille, oft rhythmische Umgebung, die ganz anders ist als in den vier Wänden einer Wohnung.

Zwar ist die visuelle Wahrnehmung des Fötus noch nicht genau erforscht, aber Untersuchungen deuten darauf hin, dass Babys schon in der Gebärmutter auf Lichtreize reagieren, auch wenn größtenteils Dunkelheit in ihrer Umgebung vorherrscht. Aus dem rötlichen Dunkel mit wenigen Reizen kommen sie dann in eine Welt der hellen Lichter und vielfältigen optischen Eindrücke. Das sind ganz andere Lichtreize als zuvor, auch wenn das Sehen anfangs noch nicht besonders gut ausgeprägt ist. Das Baby kann nur in einem Abstand von etwa 25 Zentimetern scharf sehen und nimmt nun in diesem Abstand, beim Stillen oder Trinken aus der Flasche, das Gesicht der Bindungsperson wahr, die es erstmals sieht und auch am Geruch erkennen kann.

Die wenigen Konstanten, die das Baby nach der Geburt erlebt, hängen also größtenteils mit der Mutter zusammen. Deshalb spielt sie besonders in der ersten Zeit eine wichtige Rolle, auch wenn sie nicht unersetzbar ist und liebevolle Betreuung auch von anderen Bezugspersonen geleistet werden kann.

Gebärmutterheimweh

Wie wir sehen, ändert sich durch die Geburt das Erleben des Kindes schlagartig und es hat viele Gründe, mit Empörung darauf zu reagieren, dass diese neue Welt so vollkommen anders ist.

In den ersten beiden Wochen nach der Geburt schläft das Baby noch viel, um die Eindrücke von sich aus zu vermindern und sich den Übergang zu erleichtern. Ab der zweiten Woche nach der Geburt kommt es mit längeren Wachphasen zu einer stärkeren

Auseinandersetzung mit der Umwelt und damit auch zu häufigerem Weinen und Schreien. Es ist normal, dass Babys der Übergang in dieses neue Erleben manchmal schwerfällt und sie auch außerhalb der Ankündigung von einzelnen Bedürfnissen mit Weinen darauf reagieren. Sie sehnen sich zurück in den alten Zustand und vermissen die Umgebung, in der sie herangewachsen sind. »Gebärmutterheimweh« können wir diesen Zustand nennen, in dem sich das Baby mit Weinen und Schreien die frühere Umgebung zurückwünscht.

Ein Neugeborenes braucht Zeit, um mit seiner Umgebung vertraut zu werden.

SO VIEL NÄCHTLICHER AUFWAND

Auch unser drittes Kind war in seinen Gebärmutterheimweh-Phasen nachts nicht mehr »nur« mit gefühlt stündlichem Stillen zufrieden. Es wollte anschließend noch auf dem Arm geschuckelt werden. Das Ganze meist noch begleitet von meinem Gesumme, das das Söhnchen scheinbar beruhigte. An Weiterschlafen war bei dem Programm natürlich nicht zu denken.
Von meinen Töchtern war ich so viel nächtlichen Aufwand gar nicht gewohnt, aber jedes Kind ist ja schließlich anders.
vonguteneltern.de

Babys sind physiologische Frühgeburten

Die Sehnsucht des Babys nach dem ehemaligen Zuhause lässt sich nicht nur damit erklären, dass es das Gewohnte vermisst, sondern auch damit, dass es bei der Geburt noch so unreif ist: Der Schweizer Anthropologe Adolf Portman prägte für die zum Geburtstermin geborenen Kinder den Begriff »physiologische Frühgeburten«. Denn auch wenn sie im Durchschnitt 40 Wochen lang im Mutterleib heranwachsen, sind sie im Hinblick auf die Entwicklung des Menschen und den Reifezustand von Säugetieren als Frühgeburten anzusehen.

In der Anfangszeit ist ein Baby ganz auf die Fürsorge seiner Bezugspersonen angewiesen.

Unreif geboren

Mit dem aufrechten Gang, den der Mensch im Laufe der Evolution erwarb, veränderten sich sein Skelett und seine Muskulatur. Parallel dazu wurde das menschliche Gehirn größer. In der Folge stimmten die anatomischen Strukturen der Gebärenden nicht mehr überein mit denen des Babys. Angepasst an die veränderten Strukturen windet sich das Baby nun auf eine bestimmte Weise durch Becken und Geburtskanal, damit der vergleichsweise größere Kopf einen guten Durchgang findet. Durch die Verschiebung der Schädelplatten kann sich der Kopf des Babys entsprechend anpassen, um seinen Weg zurückzulegen.

Zudem wird die Geburt zu einem Zeitpunkt ausgelöst, bei dem das Baby einen im Vergleich zu anderen Säugetieren geringeren Entwicklungsgrad hat, damit dieser Weg mit dem großen Kopf überwindbar ist. Muskeln und Gelenke sowie die Schambeinfuge der Mutter lockern sich, um das Baby bei der Geburt durchzulassen.

Verglichen mit anderen Säugetieren sind unsere Babys deswegen noch recht unselbstständig und auf die Versorgung durch erwachsene Menschen angewiesen – und dies für lange Zeit. Nicht umsonst werden menschliche Babys als »Traglinge« bezeichnet: Sie gehören nicht zu den Nesthockern, die einfach bis zur nächsten Fütterung im Nest zurückgelassen werden, und sind keine Nestflüchter, die sofort zu laufen beginnen. Unsere Babys wollen am Körper der Bezugspersonen getragen und durch sie rundum versorgt werden, ganz ähnlich wie in der Zeit, in der sie im Mutterleib waren. Im Gegensatz zu vielen Affenarten verfügen sie jedoch nicht über die Fähigkeit, sich aktiv festzuhalten. Lediglich der Moro-Reflex (Klammerreflex, ▸ **siehe Seite 95**) und das Anziehen der Beine beim Hochheben deuten darauf hin, dass sie sich an den Körper schmiegen wollen. Als Tragemöglichkeit bieten wir ihnen (statt Fell oder Beutel wie in der Tierwelt) Arme und Tragetücher an. Der amerikanische Kinderarzt Dr. Harvey Karp (▸ **siehe Buchtipp Seite 122**) vertritt die These, dass dem neugeborenen Baby ein gesamtes Trimester der Reife fehlt. Dieses Trimester muss es nach der Geburt zu ähnlichen Bedingungen wie in der Gebärmutter nachholen, um reif zu werden für die Herausforderungen des Lebens außerhalb der Gebärmutter. Das Neugeborene vermisst also nicht nur den früheren Zustand, es muss ihn in gewisser Weise auch weiterleben und fordert dies ein.

Schonzeiten für Eltern und Kind

In vielen Kulturen wird diesen Bedürfnissen des Babys Rechnung getragen: Das Baby wird nahezu rund um die Uhr getragen beziehungsweise steht in ständigem Körperkontakt zu seinen Bindungspersonen (die nicht ausschließlich die Eltern sein müssen). So werden für die ersten Wochen nach der Geburt besondere Rahmenbedingungen zum Ankommen geschaffen. Auch hierzulande finden wir den Schutzraum der ersten Wochen nach der Geburt in der Empfehlung wieder, dass das Wochenbett acht Wochen andauern sollte – zur Erholung der Mutter, zum Aufbau der Bindung, aber eben auch zur sanften Überführung des Babys in das neue Leben.

Viele Babys leiden an Gebärmutterheimweh, meist ab der dritten Woche nach der Geburt. Je nach Temperament und den jeweiligen Umständen ist es bei manchen Babys stärker und bei anderen weniger stark ausgeprägt. Für alle Kinder ist es jedoch günstig, wenn wir ihnen einen sanften Übergang ermöglichen von der Zeit im Mutterleib zum Leben in unserer Mitte.

INFO

UNTERSCHIEDLICHE URSACHEN DES SCHREIENS

Alle Babys schreien gelegentlich, weil es die stärkste Signalform ist, um auf ein Grundbedürfnis hinzuweisen. Auch das Weinen aufgrund fehlender Reife und Gebärmutterheimweh tritt bei allen Kindern gelegentlich auf. Das ist nicht nur negativ zu werten, sondern kann auch ein Spannungs- und Stresslöser sein: Das Baby baut durch das Weinen Anspannung ab. Normal ist auch lautes Weinen bei Schmerzen und Infekten. Es gibt jedoch auch Gründe für das Schreien, die nur bei einigen Babys auftreten, etwa wenn Bedürfnisse generell schneller mit Schreien signalisiert werden oder wenn Eltern häufig Signale fehlinterpretieren. Manche Babys sind auch schneller überreizt als andere oder haben trotz elterlicher Unterstützung Probleme, sich selbst zu regulieren. Auch spezifische Schmerzen, Verdauungsstörungen, traumatische Schwangerschaften oder Geburten und psychosoziale Belastungen führen zu besonderen Schreisituationen.

EINIGE WORTE ZUM VERWÖHNEN

Wenn wir die Bedürfnisse des Babys betrachten, stellen wir fest: Es möchte nach der Geburt eigentlich rund um die Uhr in körperlichem Kontakt sein, um nach Bedarf Nahrung, Zuwendung und Wärme zu erhalten. All dies sind Aspekte, die oft als »Verwöhnen« bezeichnet werden im Sinne von »Verziehen«. Der Vorwurf, unsere Kinder zu verwöhnen, ist in unserer heutigen Gesellschaft noch immer allgegenwärtig. Natürlich wünschen wir unseren Kindern langfristig, dass sie ein gutes Leben führen und darin einen sicheren Platz finden. Dies wollen wir ihnen mit einem guten und vor allem richtigen Start und der richtigen Erziehung ermöglichen. Die Angst, durch eigenes Verschulden dem Kind eine schlechte Zukunft zu bescheren, ist groß. Wir wollen, dass unsere Kinder selbstständig, selbstbewusst und sozial eingebunden leben können.

Babybedürfnisse müssen erfüllt werden

Lange Zeit wurde behauptet, Kinder müssten sich den Gegebenheiten anpassen und dürften nicht verwöhnt werden, damit sie wertvolle Mitglieder der Gesellschaft werden. Sie sollten lernen, dass Schreien unerwünschtes Verhalten sei, und es dementsprechend einstellen. Die Empfehlung an die Bindungspersonen lautete deswegen, auf lautes Weinen nicht zu reagieren und das Kind »ausschreien« zu lassen.
Heute neigen wir eher dazu, jedes Weinen schnell abstellen zu wollen, ohne die Ursachen und die manchmal heilsame Wirkung des Weinens anzuerkennen.
Inzwischen weiß man, dass Nichtbeachtung und Schreienlassen ohne Fürsorge schwerwiegende Folgen für die kindliche Entwicklung haben können. Die damaligen Empfehlungen lagen einem anderen Bild vom Kind und einer anderen Erziehung zugrunde, die darauf ausgerichtet war, Kinder den zukünftigen gesellschaftspolitischen Aufgaben (wie der Erziehung zu künftigen Soldaten) anzupassen, die sich von denen der heutigen Zeit stark unterscheiden. Die Kinder früherer Generationen wurden mit anderen Erziehungsmethoden für einen anderen gesell-

INFO

EMPFEHLUNGEN AUS EINER VERGANGENEN ZEIT

»Wer ein ruhiges und braves Kind haben will, muß dasselbe vom ersten Lebenstage an erziehen. Wer diesen Rat nicht befolgt, wird sich seinen Liebling zum Tyrannen machen, der während einer Krankheit die Mutter zur Verzweiflung bringt. Und es verlangt diese Erziehung in den ersten Monaten nichts besonderes; wer sein Kind ruhig im Bettchen sich selbst überläßt, es nur zur Mahlzeit, die nicht bei jedem Schrei (es ist ein Unfug, jedes Schreien des Säuglings als Hunger und als Verlangen nach Nahrung zu deuten), sondern erst nach der entsprechenden Pause gereicht wird, oder zum Trockenlegen herausnimmt, das viele Sprechen mit demselben, das beliebte ständige Herumtragen, Wiegen, Fahren, grelle Geräusche und Lärm vermeidet, es weder zur Nahrungsaufnahme noch aus sonst einem Grunde weckt, tut das Richtige. Ein einmal verzogenes Kind ist schwer zurechtzubringen.«
Dr. Karl Planner-Wildinghof:
Das Kind – der Mutter Glück, der Mutter Sorge. 1943

schaftlichen Zweck erzogen (Näheres über die Geschichte der Säuglingspflege unter: www.saeuglingspflege-blog.de).

Selbstregulation lernen durch Fremdregulation

Prompte Zuwendung ist heute ein wesentlicher Teil der Gestaltung der Beziehung zwischen Eltern und Kind: bei Babys mit normalem Schreiverhalten ebenso wie bei Babys, die häufiger schreien. Nur durch Zuwendung und Regulation durch den Erwachsenen können Kinder langfristig lernen, sich selbst zu regulieren.
Wichtig hierfür ist die Zusammenarbeit verschiedener Gehirnbereiche, die sich erst im Laufe der Zeit richtig ausbilden. Das limbische System (der Bereich der Emotionen) und der Neocortex (der Bereich des logischen Denkens) arbeiten dann zusammen, sodass stressauslösende Faktoren vorab erkannt und vermieden werden können (»Nein, ich möchte das nicht!«) oder das Kind in entsprechenden Situationen auf eigene Beruhigungsstrategien zurückgreifen kann (»Ich will mein Kuscheltier haben!«) oder Hilfe von anderen einfordert.

Den Bedürfnissen des Kindes Raum geben

Wichtig hierfür ist, dass das Kind ein Gefühl für die eigenen Bedürfnisse entwickeln kann. Dies hängt wesentlich mit unserem Verhalten dem Kind gegenüber zusammen: Das Baby bildet sich das Bild von der Welt durch uns. Spiegelneurone sind dafür verantwortlich, dass das Kind die Gefühle der Bezugsperson spiegelt. Schon Neugeborene ahmen die Mimik des Gegenübers nach: Lacht mein Gegenüber, lache ich auch. Wichtig ist dabei, dass wir dem Kind die richtigen Signale vermitteln: Ist eine Situation ungefährlich, entwarnen wir mit unserer Mimik. Zeigen wir aber Anspannung und Stress (wie es oft der Fall ist, wenn wir als Eltern das Schreien des Babys erwarten), merkt das Kind, dass etwas nicht stimmt, und wird ebenfalls angespannt.
Noch schwieriger wird es, wenn das Kind Angst oder Schmerzen hat, wir dies aber nicht annehmen wollen, sondern darauf beispielsweise mit Lachen reagieren. Das Kind lernt: Ich habe Angst, aber meine Eltern lachen, also ist mein Gefühl falsch.
Im Falle der »Verwöhnproblematik« bedeutet dies: Das Baby signalisiert Angst, Überforderung oder Schmerz und wird von der Bindungsperson nicht beruhigt, weil diese denkt, sie würde das Baby zu sehr verwöhnen. Hierdurch lernt das Baby jedoch keine Beruhigungsstrategien und es bekommt vermittelt: Dein Bedürfnis ist nicht richtig. So kann das Kind auch zukünftig Situationen nicht angemessen einschätzen und überfordert sich unter Umständen selbst. Es entwickelt kein sicheres Verhältnis zu den eigenen Bedürfnissen.

INFO

BINDUNGSTYPEN

Die Bindungstheorie geht zurück auf den britischen Kinderarzt und Psychoanalytiker John Bowlby. Er entdeckte, dass frühe Umwelterlebnisse und Bindungserfahrungen die psychische Entwicklung beeinflussen und fehlende Beziehungen und Bindungen schwerwiegende bis tödliche Auswirkungen auf Kinder haben können. Zusammen mit seiner Mitarbeiterin Mary Ainthworth beschrieb er vier Bindungsmuster: das sichere, das unsicher-vermeidende, das unsicher-ambivalente und das desorganisierte Bindungsmuster. Die Bindungsmuster der frühen Kindheit sind im Laufe des Lebens veränderbar, haben aber einen entscheidenden Einfluss auf die Entwicklung. Ziel ist es, eine sichere Bindung zu ermöglichen.

Prompt reagieren

Die Entwicklung des normalen Schreiverhaltens von Babys bestätigt die Tatsache, dass eine Reaktion der Eltern auf das Schreien des Babys wichtig ist: Das Baby weint anfangs länger und eher unwillkürlich, um auf ein Unwohlsein hinzuweisen. Es weiß noch nicht, wie und ob die Eltern reagieren. Reagieren die Bindungspersonen prompt, lernt es, den Schrei als Kommunikationsmittel zu nutzen, und das Weinen wird zunehmend kürzer und zielgerichtet eingesetzt, um eine Reaktion hervorzurufen. Prompte Reaktionen führen demnach auf lange Sicht zu weniger Schreien.
Zwischen dem zweiten und achten Lebensmonat wird mit Schreien dann besonders Protest, Frustration, Traurigkeit, Angst oder Panik kommuniziert.

Durch die angemessene Zuwendung kann also die Dauer und Art des Schreiens bei einem normalen Schreiverhalten positiv beeinflusst werden. Wie wir noch sehen werden, ist diese Zuwendung auch bei einem starken Schreiverhalten wichtig, auch wenn es zunächst nicht so sehr hierdurch beeinflusst werden kann. Für die Bindung und das Bedürfnis des Babys ist es jedoch sowohl bei einer normalen Häufigkeit des Weinens als auch bei stärkerem Weinen wichtig, prompt und einfühlsam zu reagieren und dem Baby Zuwendung zu schenken.

Ein Baby kann durch Zuwendung nicht verwöhnt werden

Babys können demnach durch Beachtung ihrer Bedürfnisse und angemessene Regulation von Erregungszuständen durch uns nicht im negativen Sinne verwöhnt werden. Konkreter ausgedrückt: Wenn die Erfüllung der Bedürfnisse eines Babys und der Wunsch nach Trost »Verwöhnen« sind, dann *müssen* wir Kinder verwöhnen, damit sie sich richtig und normal entwickeln können. Verwöhnen ist für sie genauso wichtig wie für uns Erwachsene. Auch wir wollen gern verwöhnt werden und sehnen uns nach Bedürfnisbefriedigung.

Babys können nicht verzogen werden, wenn wir auf ihre Signale reagieren. Das Gegenteil ist der Fall: Wenn wir die Bedürfnisse des Babys sicher und prompt erfüllen, ermöglichen wir es dem Kind, eine sichere Bindung zu uns herzustellen.

Hohe Stirn, große Augen – das Kindchenschema sorgt für eine gute Eltern-Kind-Bindung.

»Verwöhn dein Baby nach Herzenslust.«

JULIA DIBBERN

Babys Bedürfnis nach sicherer Bindung

Sicher gebundene Kinder sind dem Arzt, Bindungsforscher und Psychotherapeuten Karl Heinz Brisch zufolge widerstandsfähiger gegen psychische Belastungen und haben mehr Möglichkeiten, diese zu bewältigen. Sie leben eher in freundschaftlichen Beziehungen und Gruppen, verhalten sich bei Konflikten prosozialer, sind weniger aggressiv und finden unterstützende Lösungen. Zudem sind sie kreativer und flexibler und ihre Gedächtnisleistungen sind besser, ebenso ihre Sprachentwicklung. Das ist alles, was wir uns für unsere Kinder wünschen. Ausschlaggebend für das Erreichen dieses Ziels ist neben den Umweltfaktoren und anderen Lebensereignissen vor allem der Umgang der Bindungspersonen mit dem Kind. Sind wir liebevoll zugewandt, feinfühlig und beständig, können wir unserem Kind einen guten Start ins Leben ermöglichen. Wir müssen uns nicht darum sorgen, es mit unserem Verhalten zu verziehen, sondern können selbstbewusst und bestärkt sagen: Zuwendung und Erfüllung der Bedürfnisse ist das, was mein Baby braucht. Es ermöglicht ihm den besten Start ins Leben und bildet einen guten Grundstein für seine Zukunft, da es damit die notwendige Sicherheit bekommt, die es für das selbstständige Leben benötigt.

Das Kindchenschema

Und mehr noch: Die großen Augen, der große Kopf im Verhältnis zum restlichen Körper, das sogenannte Kindchenschema, und das auffordernde Verhalten des Kindes sind darauf ausgerichtet, uns an das Kind zu binden, damit wir es liebevoll umsorgen und für sein Wohlergehen einstehen. So wird das Überleben gesichert, das aufgrund der Unreife bei der Geburt nur durch einen Erwachsenen möglich ist.

Weint das Baby, so reagieren wir darauf mit liebevoller Zuwendung, die wiederum die Bindung stärkt. Auch und gerade Babys, die viel schreien, brauchen diese Zuwendung immer wieder.

WICHTIG

WORAUF ES FÜR EINE SICHERE BINDUNG ANKOMMT

- Eine wesentliche Voraussetzung für den Aufbau einer sicheren Bindung ist Feinfühligkeit. Eltern sollten die Bedürfnisse des Babys wahrnehmen und darauf reagieren. Je nach Alter muss die Reaktion angemessen schnell erfolgen: bei den Kleinsten möglichst sofort, bei größeren Kindern hat man etwas mehr Zeit.
- Eltern sollten zeitlebens der sichere Hafen sein, der für das Kind da ist. Gleichzeitig müssen sie dem Kind aber auch Raum geben zum Ausprobieren, Erkunden und zur Eigenständigkeit.
- Vertrauen Sie den Signalen Ihres Babys: Babys machen nichts, um Erwachsene zu ärgern. Ihr Verhalten ist sinnvoll – auch wenn wir es anfangs nicht verstehen.
- Babys können mit Liebe und Aufmerksamkeit nicht verwöhnt werden.
- Manchmal fällt der Anfang schwer, aber es ist nie zu spät, eine gute Bindung aufzubauen. Auch nach einem schwierigen Start kann man noch einmal neu beginnen.
- Eltern brauchen Entspannung und Unterstützung im Familienalltag, damit Stress nicht zu negativem Erziehungsverhalten führt. Hilfe von anderen ist wichtig – ganz besonders bei einem Baby, das viel weint.

VOM SCHREIEN UND »SCHREIENLASSEN«

Babys weisen von Anfang an mit verschiedenen Signalen auf ihre Bedürfnisse hin. Sind sie beispielsweise hungrig, öffnen sie den Mund und bewegen den Kopf hin und her (Brustsuchreflex), sie lutschen an ihren Händen und geben Schmatzgeräusche von sich. Erst dann, wenn wir die kleinen Signale übersehen, beginnen sie zu schreien, um lautstark auf einen Missstand hinzuweisen. Das Schreien des Babys kann jedoch auch noch andere Ursachen haben, wie wir im nächsten Kapitel sehen werden. Das gilt insbesondere dann, wenn Babys sehr viel schreien und das Schreien durch all unsere Angebote, die natürlichen Babybedürfnisse zu stillen, nicht beendet werden kann. Gebärmutterheimweh und Bedürfnisbefriedigung sind die normalen Gründe für das Schreien eines Babys und kommen bei allen Kindern in unterschiedlicher Ausprägung vor. Darüber hinaus gibt es jedoch eine Intensität und Dauer des Schreiens, die über diese Ursachen hinausgehen. Denn es gibt Kinder, die Reize wesentlich stärker wahrnehmen und deswegen auch stärker reagieren als andere.

Auch wenn Hilfsangebote für das Baby im letzteren Fall ähnlich gestaltet sein können, ist für die Eltern dennoch wichtig, hier zu differenzieren. Sonst könnten sie leicht zu dem Schluss gelangen, dass sie die Signale des Babys nur nicht richtig deuten, nicht angemessen auf das Baby eingehen, es durch das viele Schreien negativ in seiner Entwicklung beeinflussen und so die Bindung zu Ihnen erschweren.

Wenn das Weinen nicht zu stoppen ist

Tatsächlich stehen Eltern von Babys, die viel schreien, vor einer großen Herausforderung – auch im Hinblick auf die Bindung, weil das Schreien des Babys anstrengend und zermürbend ist und Eltern Gefahr laufen zu resignieren, wenn »nichts hilft«.

Was wir jedoch als Eltern eines untröstlich weinenden Babys oft nicht wahrnehmen, ist, dass jede Zuwendung eine Zuwendung und Hilfe ist. Denn wir überlassen das Baby nicht sich selbst; es spürt, dass es mit seiner Not nicht allein ist. Die Bezeichnung »das Baby schreien lassen« ist für Eltern von Kin-

WICHTIG

WEINEN – EIN BEDÜRFNIS DES KINDES

Das Weinen eines Babys ruft in uns sofort den Impuls hervor, es so zufriedenzustellen, dass es damit aufhört. Doch dürfen wir manchmal nicht vergessen, dass gerade das »Weinendürfen« auch ein Bedürfnis des Kindes sein kann. So wie wir uns vielleicht am Abend bei unserem Partner Luft machen, dass der Tag nicht wie gewünscht gelaufen ist, so wollen sich auch Babys ausweinen. Wie gut tut es dann, einfach gehalten zu werden und weinen zu dürfen. Natürlich sollte bei einem Baby vorab immer geschaut werden, ob alle körperlichen Bedürfnisse erfüllt sind. Aber wenn das der Fall ist, geht es nicht immer um ein »Abstellen« des Weinens, sondern vielmehr um ein Zuhören, Dasein und Begleiten. Dies ist keine leichte Aufgabe, weil es uns schnell mit unseren eigenen seelischen Nöten berühren kann. Aber genau wie wir Erwachsenen wünscht sich auch ein Baby, dass es mit all seinen Emotionen gesehen und geliebt wird.

dern, die viel schreien, daher irreführend: Natürlich wollen sie ihr Baby nicht schreien lassen, aber sie sind oft nicht in der Lage, das Schreien zu beenden. Sie lassen es nicht bewusst (oder alleine) schreien, wie es beispielsweise in älterer Literatur zum Thema Durchschlafen empfohlen wird. Wenn ein Baby anhaltend schreit, unter Begleitung der Eltern, die das Schreien nicht beenden können, wird dieses Baby nicht schreiend sich selbst überlassen, sondern es ist ein schreiendes Baby, das in seiner Not begleitet wird.

Erschöpfte Eltern

Früher galt die Dauer und Häufigkeit des kindlichen Schreiens als Kriterium, um das sehr häufige Schreien vom normalen Schreien abzugrenzen. Heute wird das Ausmaß der Beeinträchtigung der Eltern als Grundlage für Behandlungsbedürftigkeit angesehen. Denn das Schreien des Babys wirkt sich auf das gesamte System Familie aus: Eltern, die sich vom Schreien des Babys erschöpft fühlen, brauchen Hilfe.

Ob dieses Schreien dabei im normalen Rahmen des Gebärmutterheimwehs stattfindet und das Baby mit passenden Strategien beruhigt werden kann oder ob es sich um ein Baby handelt, das besonders empfindsam ist, und die Familie einer Schulung zum Umgang mit der Empfindsamkeit bedarf, ist dabei zweitrangig.

Welche Ursachen auch immer dafür vorliegen, dass Eltern erschöpft sind vom Weinen des Babys, sie müssen ernst genommen werden und bedürfen einer Unterstützung.

Das schreiende Baby – ein »Produkt« unserer Zeit?

Es ist nicht einfach, die Ursache des starken Schreiverhaltens ganz genau zu ergründen. Glücklicherweise sind einige Behandlungs- und Hilfsmöglichkeiten universal – sie helfen bei verschiedenen Ursachen gleichermaßen. Andere hinge-

TIPP

POSITIVE ERINNERUNGEN SCHAFFEN

Manchmal geht durch das laute Weinen des Babys das Gefühl dafür verloren, was das Baby eigentlich außer Schreien noch macht. Die Eltern sind so erschöpft, dass sie die Phasen zwischen dem Schreien nicht mehr positiv mit Aktivitäten besetzen können. Richten Sie deswegen den Blick auf diese Phasen und sagen Sie sich: »Das Baby schreit jetzt nicht.« In dieser Zeit sollten Sie zusammen etwas Schönes erleben, beispielsweise indem Sie mit Ihrem Kind spielen, in Ruhe kuscheln oder Ihrem Baby etwas vorsingen. So prägen sich für diese Zeit auch positive Erinnerungen ein.

gen sind spezifisch, insbesondere wenn Erkrankungen zugrunde liegen.

Das Phänomen, dass Babys stärker schreien als andere, ist insbesondere in den Industriegesellschaften zu beobachten, weniger in traditionell lebenden Gesellschaften. Zwar gibt es auch dort Babys mit einem »schwierigen Temperament«, doch scheint es, dass sich die individuellen Bedürfnisse dort besser mit dem Alltagsleben und den Strukturen in Einklang bringen lassen.

Problematisch ist bei uns oftmals die Erwartungshaltung an das Baby, ebenso die erwähnte fehlende Kenntnis über die Bedürfnisse von Säuglingen. Zudem sind Familien bei uns wesentlich mehr auf sich allein gestellt und haben weniger familiäre und gesellschaftliche Unterstützung im Alltag.

Auch Stressfaktoren, die in unserer Gesellschaft nicht gering sind, können sich schon in der Schwangerschaft auf das Stressempfinden und die Stressverarbeitungsmöglichkeiten des Kindes auswirken. Untersuchungen zum 11. September 2001 haben zum Beispiel gezeigt, dass sich der dadurch verursachte Stress auf die Ungeborenen im Mutterleib ausgewirkt hat und sie einen deutlich niedrigeren Kortisolspiegel haben, was die Balance des Stresshormonsystems dauerhaft beeinflusst. Diese Kinder schrien im Babyalter insgesamt mehr.

Die genaue Ursache dafür, dass einige Babys mehr schreien als andere, ist nicht ergründet. Es gibt aber verschiedene Faktoren, die auf das Schreien des Babys Einfluss nehmen. Eine besondere Bedeutung kommt dabei der Erfüllung der Bedürfnisse des Babys zu, wie wir gesehen haben. Darüber hinaus gibt es weitere mögliche Ursachen, die wir im Folgenden betrachten werden. Insgesamt können wir jedoch schon jetzt festhalten, dass es ein komplexes Zusammenspiel von Veranlagung und Umwelt ist, das einige Babys besonders stark schreien lässt.

Je mehr Nähe und Geborgenheit ein Baby erfährt, desto weniger Anlass hat es zu weinen.

DAS BABY MIT STARKEN BEDÜRFNISSEN

ES KANN VERSCHIEDENE GRÜNDE GEBEN, WARUM EINIGE BABYS MEHR WEINEN ALS ANDERE. DIE URSACHENSUCHE IST JEDOCH WICHTIG, UM DAS BABY ZU VERSTEHEN UND PASSENDE HILFEN ZU ERMITTELN.

URSACHENSUCHE: DIE ÄRZTLICHE ABKLÄRUNG

Wie vorausgehend beschrieben wurde, können die Gründe für das vermehrte Weinen eines Babys sehr vielfältig sein. Da bei verschiedenen Ursachen aber verschiedene Hilfsangebote sinnvoll sind, ist es wichtig zu schauen, welche Ursache jeweils vorliegen könnte. Von besonders großer Bedeutung ist dabei, dass körperliche Ursachen, wie zum Beispiel Unwohlsein und Schmerzen, ausgeschlossen werden können.

Eine wichtige Basis: Vertrauen

Eltern sollten ein vertrauensvolles Verhältnis zu ihrem Kinderarzt haben und sich ernst genommen fühlen. Entscheidend ist nämlich nicht, wie sich das Baby am Tag der Untersuchung verhält, sondern wie der Alltag mit dem untröstlich weinenden Baby aussieht. Der Kinderarzt kann nur eine Momentaufnahme beurteilen und ist deshalb auf die genauen Schilderungen der Eltern angewiesen. Es kann vorab hilfreich sein, einige Tage ein Schreiprotokoll zu führen, in dem Sie notieren, wann Ihr Baby wie lange geschrien hat.

Spezielle Kenntnisse für besondere Bedürfnisse

Natürlich ist die Abklärung von möglichen körperlichen Ursachen sehr wichtig. Aber wenn sich kein Grund für das vermehrte Schreien des Babys finden lässt, sollten Eltern trotzdem nicht mit einem »Da ist nichts« alleingelassen werden.
Der Kinderarzt, die Kinderärztin sind wichtige Begleiter auf dem Weg durch die Kindheit. Eltern und Kinder sollten sich hier wohlfühlen. Wenn Sie das Gefühl haben, dass Sie nicht ernst genommen werden, sollten Sie besser den Arzt wechseln. Mittlerweile gibt es immer mehr Kinderärzte, die sich mit High-Need-Babys auskennen oder auch mit anderen Berufsgruppen in diesem Bereich zusammenarbeiten. Fragen Sie Ihre Hebamme oder andere Eltern nach entsprechenden Empfehlungen.

High-Need-Baby

Der amerikanische Kinderarzt Dr. William Sears, Vater von acht Kindern, hat diesen Begriff für Babys mit besonders hohen Bedürfnissen eingeführt. Er schreibt diesen Kindern zwölf Kriterien zu, die aber natürlich nicht alle und gleichzeitig auf ein Baby zutreffen müssen. Der Begriff ist keine Diagnose und es geht auch nicht darum, das Baby in eine bestimmte Kategorie zu stecken. Für viele Eltern mit einem besonders bedürftigen Baby ist es aber recht entlastend zu wissen, dass das für ein High-Need-Baby typische Verhalten nicht nur Ihr eigenes Kind betrifft. Sears beschreibt mit Kriterien wie »intensiv«, »hyperaktiv«, »Energie abziehend« oder »fordernd« den momentanen Zustand und nicht etwa eine generelle Störung des Kindes. Genau wie das Wort Schreibaby schnell stigmatisiert, muss auch mit dem Begriff High-Need-Baby achtsam umgegangen werden.
Zu den zwölf Kriterien von Sears gehören zum Beispiel Umstände wie häufiges Stillen beziehungsweise Füttern oder häufiges Aufwachen. Dies kann natürlich auch bei einem Kind der Fall sein, das vielleicht gerade einen Entwicklungssprung macht, das man aber sonst nicht unbedingt als High-Need-Baby bezeichnen würde.
Generell haben kleine Menschen am Anfang ihres Lebens sehr hohe Bedürfnisse, für deren Erfüllung sie ihre Eltern brauchen. Hohe Bedürfnisse gehören also zumindest phasenweise zu jedem Babyalltag dazu. In manchen Fällen sind diese aber noch stärker ausgeprägt und die Herausforderung für die Eltern entsprechend größer. Sears' Kriterien werten das Verhalten des Babys nicht, sondern beschreiben es nur.

ANZEICHEN: WARUM WEINT MEIN BABY?

Anhand der Anzeichen, die im Folgenden beschrieben werden, können Sie das Verhalten Ihres Babys etwas näher eingrenzen und bekommen Anhaltspunkte, welche Ursache dem heftigen Weinen zugrunde liegen könnte. Dies dient nicht dazu, eine Diagnose zu stellen. Das Verstehen des Weinens ist jedoch bereits ein erster Schritt zur Hilfe. Im letzten Kapitel dieses Buches (▸ **siehe Seite 94 ff.**) finden Sie weitere konkrete Hilfen.

SCHMERZEN UND ANDERE KÖRPERLICHE URSACHEN

- Das Schreien tritt akut auf, oft in hoher Tonlage bleibend. Der ganze Körper ist stark angespannt.
- Die Schreiphasen treten in erkennbarem Zusammenhang mit der Nahrungsaufnahme auf.
- Das Kind zeigt keine Sättigungszeichen und vermittelt nach den Mahlzeiten einen unzufriedenen Eindruck.
- Wenn das Baby in einer bestimmten Position gehalten wird, lässt es deutlich erkennen, dass es sich unwohl fühlt, und fängt an zu weinen.
- Das Baby hat auffällige trockene oder gerötete Hautstellen, die auf eine Unverträglichkeit hinweisen könnten.
- Das Baby zeigt Krankheitssymptome und weint kläglich und jammervoll, oft in tieferer Tonlage.

SENSIBLES TEMPERAMENT

- Das Baby ist sehr schreckhaft, zum Beispiel bei lauten Geräuschen.
- Das Baby findet nach aufregenden Tagen schlecht in den Schlaf.
- Es reagiert sensibel auf Stimmungen der Erwachsenen.
- Es mag keine großen Veränderungen.
- Es reagiert sehr empfindlich auf nasse, kratzende oder einengende Kleidung.
- Auch Massagen und enges Tragen können es irritieren.

SCHWERE GEBURT

- Ihr Geburtserlebnis war körperlich und emotional sehr belastend. Das Ereignis beschäftigt Sie auch weiterhin sehr und löst traurige oder sogar beängstigende Gefühle in Ihnen aus.
- Sie haben sich während der Geburt nicht gut begleitet oder verstanden gefühlt.

- Ihr Baby ist zu früh oder sehr plötzlich zur Welt gekommen.
- Es gab unerwartete Komplikationen bei der Geburt.
- Das Kind zeigt körperliche Symptome: Hämatome am Kopf, Überstrecken des Körpers nach hinten, Asymmetrien (Schiefhaltung des Kopfes und des Rumpfes), abgeplatteter Hinterkopf, Kopfhalte- und Kopfdrehschwäche.
- Es gab nach der Geburt eine Trennung von Ihrem Kind, etwa weil es medizinisch versorgt werden musste.

FEHLENDE HÜLLE

- Das Baby schreckt aus dem Schlaf auf und beginnt zu weinen.
- Es wirkt ohne Körperkontakt haltlos.
- Beim Ausziehen und Wickeln ist es unruhig und gestresst.
- Das Baby wird ruhiger, wenn es eng am Körper getragen oder gepuckt wird (▸ siehe Seite 96 und 98 f.).
- Es zeigt einen stark ausgeprägten Moro-Reflex (▸ siehe Seite 95).
- Das Baby schläft am besten beziehungsweise ausschließlich im Körperkontakt.

Das Verlangen des Kindes nach engem Körperkontakt ist vor allem ein Zeichen dafür, dass es sich nach der Hülle der Gebärmutter zurücksehnt.

WAS FEHLT MEINEM KIND?

Wenn ein Baby weint, überprüfen wir als Eltern in aller Regel als Erstes, ob Hunger, ein Ausscheidungsbedürfnis oder ganz einfach der Wunsch nach Nähe der Grund sind. Beruhigt sich das Baby jedoch nicht, wenn wir den vermeintlichen Bedürfnissen nachgekommen sind, wird als Nächstes meist ein Unbehagen bezüglich der Temperatur (Frieren oder Schwitzen) sowie Müdigkeit vermutet.

Hat das Baby Schmerzen?

Wenn alle diese Möglichkeiten als Grund für das Weinen und Schreien des Kindes nicht infrage kommen, werden schnell Schmerzen als mögliche Ursache für das untröstliche Weinen des Kindes vermutet. Denn wir Erwachsene setzen Schmerz mit großem Unwohlsein und dementsprechend mit Weinen in Verbindung.

Leider kann uns das Baby keine konkrete Auskunft über sein Befinden geben, sodass wir selbst auf Ursachenforschung gehen müssen. Wir beobachten das kindliche Verhalten und gehen dann über zum zweiten Eckpfeiler der Babyberuhigung: Wir versuchen, das Schreien zu verstehen.
Tatsächlich sind körperliche Schmerzen eher selten ein Grund, weshalb manche Babys länger und häufiger schreien. Trotzdem sollten Sie es unbedingt abklären lassen, wenn Sie als Eltern eine körperliche Ursache hinter dem vermehrten Weinen vermuten. Das gilt auch, wenn keine weiteren Anzeichen wie etwa Fieber für eine mögliche Erkrankung vorliegen. Hören Sie auf Ihr Gefühl und suchen Sie den Arzt auf, wenn Ihr Kind Ihnen in seinem Schreiverhalten auffällig erscheint.

Mögliche Probleme – von Asymmetrie bis Zahnen

Als Ursachen für vermehrtes Weinen können zum Beispiel (beginnende) Infekte infrage kommen. Manchmal weinen Kinder auch nach Impfungen vermehrt. Ebenso schreien viele Kinder in Zahnungsphasen häufiger. Meist passiert das, bevor sich die ersten Zahnspitzen im Kiefer zeigen, sodass man zunächst gar nicht das Zahnen als mögliche Ursache in Erwägung zieht.
Schreit das Baby plötzlich akut schrill und zieht die Beine an, kann auch ein akutes medizinisches Problem wie zum Beispiel ein Darmverschluss vorliegen, das dringend abgeklärt werden muss.
Als möglicher Grund für vermehrtes Weinen aufgrund von Schmerzen werden auch Haltungsasymmetrien vermutet. Ursachen können unter anderem Belastungen der Halswirbelsäule sein, die auf die Geburt zurückzuführen sind. Bei den Vorsorgeuntersuchungen wird Ihr Kinderarzt unter anderem schauen, ob es diesbezüglich Besonderheiten gibt. Er wird gegebenenfalls weitere Therapieangebote, wie zum Beispiel die Manualtherapie, für Ihr Baby empfehlen. Sprechen Sie Ihre Hebamme oder Ihren Kinderarzt auch direkt darauf an, wenn Ihnen die Haltung Ihres Kindes auffällig erscheint. Das kann zum Beispiel die Beobachtung sein, dass es den Kopf immer nur bevorzugt zu einer Seite dreht.
Manche dieser Beschwerden können auch Stillprobleme verursachen, sodass es in

WICHTIG

EINSEITIGE KÖRPERHALTUNG
Schaut das Baby nur in eine Richtung? Ist seine Pofalte schief? Haben Sie als stillende Mutter einseitig wunde Brustwarzen? Lassen Sie bei solchen Anzeichen den Kinderarzt oder die Kinderärztin die Körperhaltung Ihres Babys überprüfen.

jedem Fall sinnvoll ist zu überprüfen, ob Handlungsbedarf besteht.
Wenn Ihr Baby krank oder mit einer Behinderung geboren wurde, kann es sein (muss es aber nicht), dass die Schreiphasen deutlich intensiver ausfallen. Durch eventuell nötige Untersuchungen, Behandlungen oder auch Operationen sind das Baby und auch Sie als Eltern besonders großen Belastungen ausgesetzt. Es ist darum sehr hilfreich, wenn Sie auch über die Krankenhauszeit hinaus gut unterstützt werden.
Familienhebammen oder speziell geschulte Kinderkrankenschwestern können Sie bis zum ersten Geburtstag Ihres Kindes oder auch darüber hinaus begleiten. Sie haben nicht nur das Wohl des Kindes im Blick, sondern auch Ihre Bedürfnisse als Eltern und unterstützen Sie in jeden Fall in Ihrem herausfordernden Alltag.

Drei-Monats-Koliken – gibt es sie wirklich?

Bereits in der Schwangerschaft fürchten sich manche Eltern vor den berüchtigten Drei-Monats-Koliken. Tatsächlich ist die Verdauungsumstellung ein Thema, das Eltern in den ersten Wochen und Monaten besonders beschäftigt. Aber diese muss nicht

INFO

OSTEOPATHIE FÜR SÄUGLINGE

Bei der Geburt wirken große Kräfte auf den Körper des Babys ein. Gerade bei Geburten, die durch Interventionen wie den Einsatz einer Saugglocke oder auch durch einen Kaiserschnitt unterstützt wurden, können ungünstige Zugkräfte auf Schädel, Hals und Wirbelsäule bewirken, dass es zu kleinen, nicht sichtbaren Verschiebungen in diesem Bereich kommt. Manchmal geschieht das sogar schon vor der Geburt, wenn das Baby, bedingt durch Haltungsprobleme der Mutter, eine bestimmte »Zwangslage« im Bauch einnimmt. Verschiedene Schwierigkeiten, etwa bei der motorischen Entwicklung, aber auch Stillprobleme, Verdauungsbeschwerden und vermehrtes Weinen durch Regulationsstörungen können die Folge sein. Osteopathen ertasten diese Einschränkungen im Gewebe und beheben sie durch sanfte mobilisierende Techniken (wie die Cranio-Sakral-Therapie), um den Körper des Babys bei der Selbstregulation dieser Beschwerden zu unterstützen. Osteopathen finden Sie unter: www.osteopathie.de

unbedingt mit größeren Beschwerden des Kindes einhergehen.
Jedes Baby stellt nach der Geburt seine Nahrungsaufnahme von passiv auf aktiv um. Während im Mutterleib alle Nährstoffe noch kontinuierlich über den Mutterkuchen aufgenommen wurden, ist das Baby jetzt aktiv mit Saugen und Schlucken gefordert. Auch der Magen-Darm-Trakt ist vor ganz besondere Herausforderungen gestellt, wenn er nun verdauen muss. Der Darm wird mit ganz neuen Bakterien besiedelt und muss seine Darmflora aufbauen.
Nicht nur das Aufnehmen der Nahrung ist anstrengend, auch das Ausscheiden, was man gerade in den ersten Lebenswochen gut beobachten kann. Das Baby schläft nach dem Stillen ein und auch das Ablassen von Luft und Stuhlgang strengt es sichtbar an. Die Prozesse im Bäuchlein fühlen sich für das Kind ungewohnt und bisweilen unangenehm an. Auch diese neuen Reize verarbeiten viele Babys durch Schreien, schließlich können sie ihr zeitweiliges Unbehagen ja noch nicht anders äußern.

Die beste Medizin: liebevolle Zuwendung

Es gibt etliche Theorien zu den möglichen Ursachen für Babys Bauchweh und ebenso viele Behandlungsansätze. Meist nützen sie aber nur insofern, als sie uns Eltern das Gefühl geben, dass wir etwas für unser weinendes Kind tun können.

INFO

REGELMÄSSIG WIEDERKEHRENDE SCHREIATTACKEN

Wirkliche Koliken, also starke und krampfartige Schmerzen, sind relativ selten. Die »Drei-Monats-Koliken« oder auch »Trimenonkoliken« genannten Beschwerden wurden 1954 von dem englischen Kinderarzt Ronald Illingworth als mögliche Ursache für rhythmisch auftretende, unstillbare Schreiattacken ohne erkennbare Ursache beschrieben.
Die Vermutung, dass eine wirkliche Störung des Magen-Darm-Traktes vorliegt, wurde nicht abschließend belegt. Trotzdem steht dieser Begriff bis heute für die Schreiphasen, die meist ab dem vierten Lebensmonat deutlich besser werden.

Ob ein spezielles Bauchmassageöl oder entschäumende Tropfen am ehesten Linderung verschaffen, lässt sich nicht sagen. Es kann durchaus sinnvoll sein, einige Optionen zu probieren. Aber verfallen Sie bitte nicht in zu großen Aktionismus. Kaufen Sie nicht jedes Produkt, das der »Bauchweh-Markt« hergibt. Denn ein Zuviel kann Ihr Kind überreizen, sodass Sie am Ende noch weniger wissen, weshalb es jetzt weint.

INFO

GEDEIHT MEIN BABY GUT?

Das genaue Wachstum und die Entwicklung muss bei jedem Kind individuell beurteilt werden. Aber es gibt ein paar Anhaltspunkte, anhand derer Sie erkennen, ob Ihr Baby gut gedeiht.
In den ersten Tagen ist eine Gewichtsabnahme bis zu sieben Prozent normal. Spätestens bis zum zehnten Lebenstag sollte jedoch das Geburtsgewicht wieder erreicht sein. In den folgenden Monaten sollte das Baby dann durchschnittlich 170 bis 330 Gramm pro Woche zunehmen, sodass sich mit ungefähr vier bis fünf Monaten sein Geburtsgewicht verdoppelt hat. 10 bis 16 Monate nach der Geburt ist mit einer Verdreifachung des Geburtsgewichts zu rechnen. Ein gut gedeihendes Baby hat in den ersten Lebenswochen sechs oder mehr nasse Windeln und mindestens dreimal Stuhlgang am Tag. Danach variiert die Bandbreite der Stuhlfrequenz. Bei ausschließlich gestillten Kindern ist es nach den ersten vier bis sechs Wochen auch normal, wenn sie nur alle 14 Tage Stuhlgang haben. Bei Abweichungen oder Sorgen bezüglich des Gedeihens kontaktieren Sie Ihre Hebamme oder Stillberaterin.

Immer richtig und wichtig ist es aber, dass Sie sich Ihrem Baby zuwenden. Wenn es spürt, dass Sie präsent sind und es begleiten, wird es auch die Herausforderung der Verdauungsarbeit gut meistern. Tatsächlich werden die typischen Beschwerden nach rund zwölf Wochen weniger oder verschwinden sogar ganz.
Bauchweh kann nicht nur in der Babyzeit, sondern auch später immer wieder auftreten, zum Beispiel dann, wenn mit Beginn der Beikost noch einmal ganz neue Herausforderungen in Sachen Nahrung auf Ihr Kind zukommen.

Welche Rolle spielt die Ernährung?

Wenn Sie eine Unverträglichkeit in Sachen Ernährung vermuten, sollten Sie Ihre Hebamme beziehungsweise Ihren Kinderarzt kontaktieren, um dies abzuklären.
In der Stillzeit ist es nicht unbedingt erforderlich, dass Sie auf bestimmte Lebensmittel verzichten. Blähungen, also Darmgase, entstehen bei der Verdauung von Ballaststoffen durch entsprechende Darmbakterien. Diese Ballaststoffe sowie die Darmgase gelangen aber nicht ins Blut – und somit nicht in die Muttermilch.

Entgegen diesen Erkenntnissen gibt es jedoch einige Kinder, die empfindlich reagieren, wenn ihre Mutter bestimmte Lebensmittel gegessen hat. Das sind am ehesten solche, die bei ihr selbst zu Blähungen führen. Die meisten Kinder haben jedoch keine Beschwerden, sodass eine prophylaktische Enthaltsamkeit nicht sinnvoll ist.
Nur für Kuhmilch wurde nachgewiesen, dass 10 bis 15 Prozent der »Kolikkinder« eine Unverträglichkeit auf das in die Muttermilch übergegangene Fremdeiweiß haben. Beim Verdacht darauf kann in Absprache mit der Hebamme, dem Kinderarzt oder der Stillberaterin getestet werden, ob das Weglassen der Kuhmilchprodukte eine Besserung bringt.

Gedeihstörungen

»Wenn das Baby schreit, hat es Hunger.« Dies ist eine Vermutung, die viele Mitmenschen gerne auch ungefragt äußern. Auch die Eltern eines High-Need-Babys vermuten nicht selten als Erstes, dass es mit der Ernährung zusammenhängt, wenn ihr kleines Kind so untröstlich weint. Gerade stillende Mütter hegen oft die Befürchtung, dass ihre Milch möglicherweise nicht reichen könnte und das Baby deshalb häufig weint. Doch dies ist eher selten der Fall.
Trotzdem sollte natürlich darauf geachtet werden, ob das Baby gut gedeiht, wenn es vermehrt weint.

Hindernisse beim Stillen

Die Sorge, das eigene Baby nicht ausreichend ernähren zu können, ist für Mütter sehr belastend. Auch wenn natürlich sichere Babynahrung zur Verfügung steht, kommen nicht selten Versagensgefühle auf, wenn das Stillen nicht so wie gewünscht klappt. Doch beim Stillen geht es nicht nur um die gebildete Muttermilchmenge. Jeder Stilltag und jeder Tropfen Muttermilch sind wertvoll. Doch auch wenn Sie Ihr Baby gar nicht stillen, geben Sie ihm beim Füttern nicht nur Nahrung, sondern auch Liebe.
Große Unruhe beim Stillen kann auch auftreten, wenn sehr viel Milch läuft und das Kind geradezu damit »geduscht« wird. Oft entstehen dann ebenfalls Aufregung und Stress beim Stillen. Belastete Still- oder Füttersituationen sind immer anstrengend für Mutter und Kind. Kontaktieren Sie deshalb zeitnah Ihre Hebamme oder eine Stillberaterin, wenn Schwierigkeiten auftreten.
Für die meisten Probleme gibt es eine gute Lösung. Gerade bei Stillproblemen kommt gerne vom persönlichen Umfeld, aber auch von Fachpersonal der Rat, dass man doch einfach mal ein Fläschchen geben sollte. Es kann jedoch durchaus passieren, dass dieser Ratschlag zu weiteren Problemen führt. Sprechen Sie deshalb mit einer für das Thema qualifizierten Fachperson, bevor Sie solche in aller Regel gut gemeinten Tipps in die Praxis umsetzen.

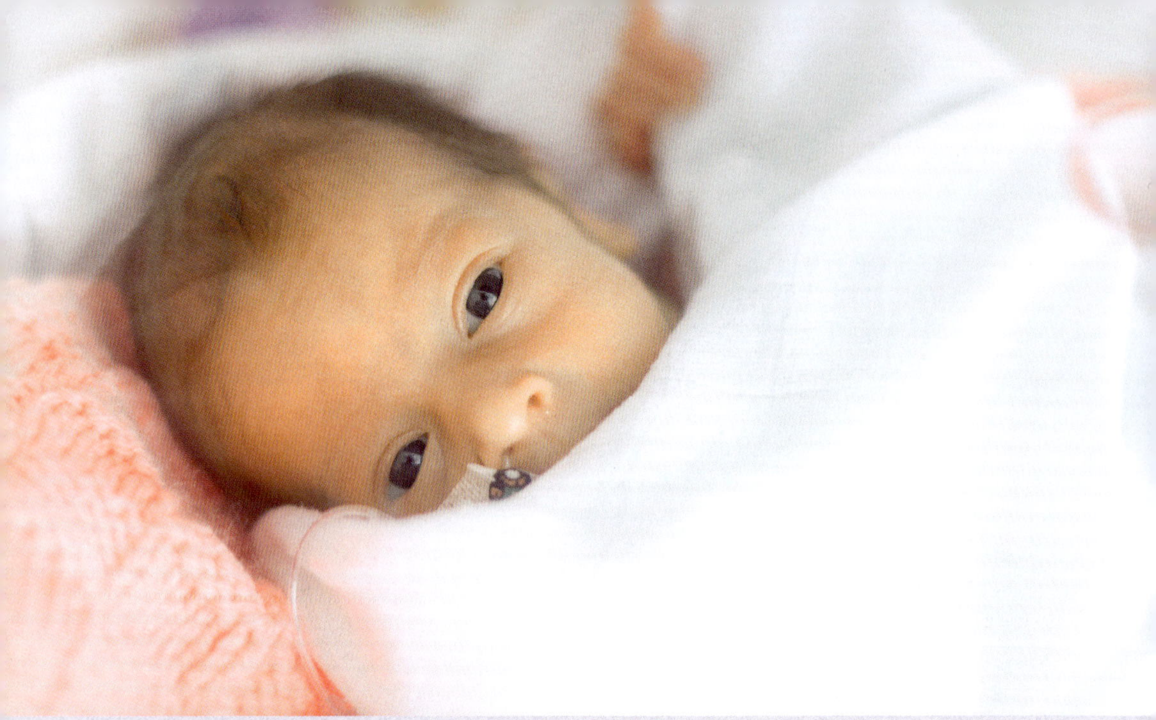

ZU FRÜH GEBOREN

Als Frühgeborene gelten alle Babys, die vor der vollendeten 37. Schwangerschaftswoche geboren wurden. In Deutschland kommen rund neun Prozent aller Kinder zu früh auf die Welt. Je nach Zeitpunkt der Frühgeburt ist dies mit mehr oder weniger ausgeprägten gesundheitlichen und entwicklungsbedingten Problemen verbunden. Die Kinder benötigen in vielen Bereichen wie Atmung, Nahrungsaufnahme oder Temperaturregulation entsprechende Unterstützung. Zu früh geborene Kinder sind besonders anfällig für Infektionen und aus der Frühgeburtlichkeit resultierende Komplikationen.

Für die Eltern beginnt mit der Geburt, aber oft auch schon in den Tagen und Wochen zuvor eine sorgenvolle und sehr belastende Zeit, die ihnen seelisch und körperlich viel abverlangt. Statt entspanntem Wochenbett verbringen sie die Tage auf einer Kinderintensivstation. Auch der unmittelbare Kontakt zum Baby ist durch die Behandlung mehr oder weniger stark eingeschränkt. Den Tag der Klinikentlassung empfinden die meisten Familien deshalb fast wie einen zweiten Geburtstag. Endlich kehrt etwas Normalität in ihren Alltag mit Baby ein.

Eine Herausforderung für Eltern und Kind

Nicht nur die Eltern müssen emotional und faktisch einiges leisten. Auch das Baby hat durch seinen vorzeitigen Start ins Leben viel zu bewältigen. Das Verarbeiten der Erlebnisse und externen Reize kann sich auch durch ein vermehrtes Schreiverhalten äußern.
Die Begleitung von Eltern eines zu früh geborenen Kindes sollte auf jeden Fall auch über die Klinikzeit hinaus fortgeführt werden, sodass beim Auftreten möglicher Regulationsstörungen (▸ **siehe Seite 53 f.**) gleich ein geeigneter Ansprechpartner für die Eltern vor Ort ist.
Wichtig ist anzuerkennen, dass nicht nur das Baby viel zu früh aus seiner zu diesem Zeitpunkt noch idealen Umgebung im Bauch seiner Mutter »herausgerissen« wurde. Die zu frühe und unerwartete Beendigung der Schwangerschaft ist auch für die Mutter oft sehr belastend. Während in der Klinikzeit viele Eltern »funktionieren«, kommt nach der Entlassung allzu oft der Einbruch.

TIPP

NEHMEN SIE HILFE IM HAUSHALT IN ANSPRUCH
Unterstützung ist für alle Eltern wichtig. Noch wichtiger ist sie für Eltern mit häufig schreienden Babys und ganz besonders für Eltern von früh geborenen Babys, die viel weinen. Lassen Sie sich für die erste Zeit eine Haushaltshilfe verschreiben oder von Freunden oder Verwandten schenken.

Verlängertes Wochenbett

Auch wenn das Baby laut Kalender schon einige Wochen oder Monate alt ist, sollte zu Hause das Wochenbett nachgeholt werden. Das bedeutet, dass die Eltern möglichst gut und umfassend von ihrem Umfeld unterstützt werden, sodass sie sich eine Zeit lang wirklich primär auf das Ankommen mit ihrem Baby konzentrieren können.
Für die bereits auf Seite 26 f. als so wichtig beschriebene Bindung gilt in diesem Fall besonders, dass es Raum und Zeit gibt, den Bindungsaufbau weiter zu intensivieren. Durch die Frühgeburt ist gerade das anfängliche Bonding oft eingeschränkt. Doch immerhin wird in den Kliniken mittlerweile sehr viel dafür getan, dass Eltern und Kind so viel Zeit und Hautkontakt wie möglich miteinander haben.

Die fehlende Zeit der Schwangerschaft

Frühgeburtlichkeit muss nicht zwangsweise ein vermehrtes Weinen zur Folge haben. Wer weiß, ob Ihr Kind nicht auch als termingerecht geborenes Baby erhöhte Bedürfnisse gehabt hätte. Erkennen Sie dennoch Ihre besondere Situation an und haben Sie eine realistische Erwartungshaltung an sich als Eltern. An Ihre Kraftreserven wurden gleich zu Beginn der Babyzeit erhöhte Anforderungen gestellt. Natürlich stehen am Anfang meist die Gesundheit und das Befinden des Babys im Vordergrund. Die Trauer um die fehlenden Wochen mit dem Baby im Bauch setzt daher oft erst später ein.
Das heißt, nicht nur Ihrem Kind fehlt diese Zeit. Auch für Sie als Eltern ist die Schwangerschaft eine besondere Zeit, in der Sie eigentlich Zeit und Raum haben sollten, sich auf das Kommende in Ruhe einzustellen. Doch ein wichtiger Teil dieser Vorbereitungszeit ist für Sie weggefallen. Auch den Punkt, an dem die meisten Schwangeren von den körperlichen Veränderungen so beeinträchtigt und auch erschöpft sind, dass sie die Geburt herbeisehnen, gab es bei Ihnen nicht. Je nachdem, wie früh Ihr Baby geboren wurde, wurden Sie völlig von der Situation überrollt. Tun Sie bitte all Ihre Gedanken und Gefühle dazu nicht als unwichtig ab.
Achten Sie also besonders darauf, auch für sich selbst immer wieder gut zu sorgen und entsprechende Unterstützung in Anspruch zu nehmen (▸ **siehe Seite 72 ff.**).

TIPP

BONDINGBAD

Die meisten Frühgeborenen müssen unmittelbar nach der Geburt medizinisch versorgt werden, sodass ein ungestörtes Bonding im Kreißsaal nicht möglich ist. Vielleicht möchten Sie dies zu Hause mit einem Baderitual (nach Brigitte Meissner, siehe Buchtipp auf Seite 122) nachholen. Sorgen Sie vorab für eine schöne, entspannte und warme Atmosphäre. Sie selbst, Ihr Partner oder Ihre Hebamme baden nun Ihr Baby. Dann machen Sie es sich mit freiem Oberkörper im Bett gemütlich und nehmen das noch nasse Baby zu sich auf die Brust. Decken Sie sich beide gut zu. Kuscheln Sie, genießen Sie und sprechen Sie liebevoll mit dem Baby. Wenn das Bondingbad belastende Gefühle bei Ihnen auslöst, besprechen Sie mit Ihrer Hebamme, wie Sie das Erlebte am besten verarbeiten können.

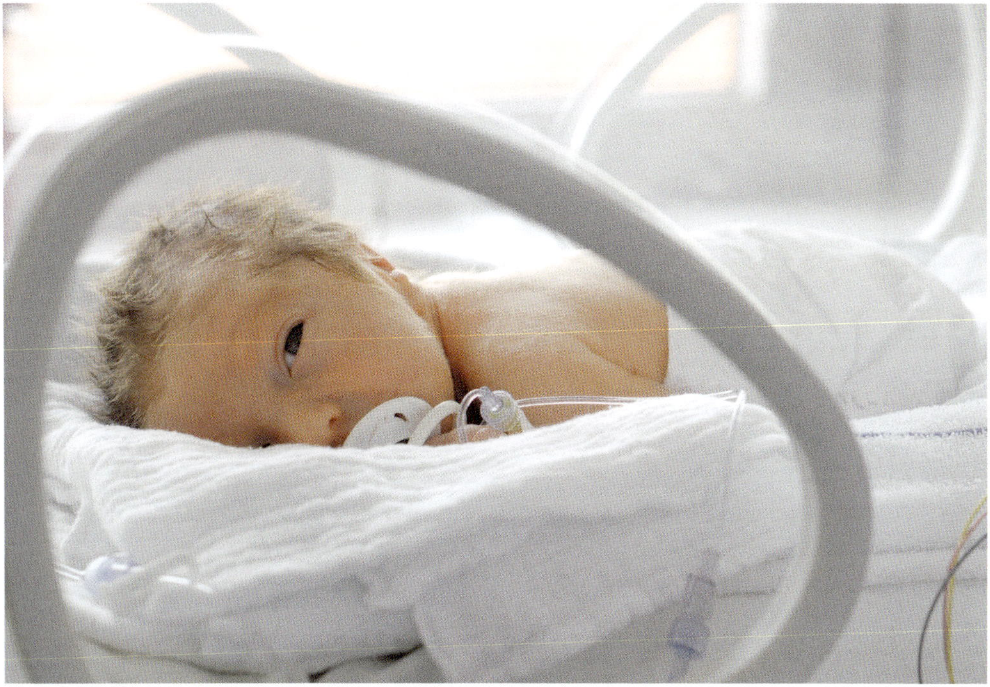

Für Frühgeborene ist der enge Kontakt zu den Bindungspersonen wegen der notwendigen medizinischen Versorgung für einige Zeit eingeschränkt.

Späte Frühchen

Kinder, die nur zwei oder drei Wochen vor dem errechneten Termin geboren werden, haben ebenfalls häufiger Anpassungsprobleme nach der Geburt, zum Beispiel in Bezug auf die Atmung, die Temperaturregulation oder bei der Nahrungsaufnahme. Auch Schwankungen des Blutzuckerspiegels oder eine verstärkte Neugeborenengelbsucht (Hyperbilirubinämie) kommen häufiger vor. Stillprobleme treten ebenfalls vermehrt auf, auch weil manche Reflexe noch nicht ganz ausgeprägt sind beziehungsweise koordiniert werden können.

Da die späten Frühchen einen vergleichsweise reifen Eindruck machen, gibt es für sie und ihre Eltern oftmals weniger Unterstützung als bei kleineren Frühgeborenen. Wenden Sie sich deshalb frühzeitig an das Fachpersonal in der Klinik oder an Ihre betreuende Hebamme, wenn sich Probleme anbahnen sollten.

EINE SCHWERE GEBURT

Jede Mutter hat Wünsche und Vorstellungen, mit denen sie in die Geburt geht. Doch ebenso wie sich das Leben mit Kindern kaum wirklich planen lässt, verlaufen Geburten oft so ganz anders als gedacht. Das muss nicht zwingend schlechter sein, aber es ist eben anders.

Manche Frauen gehen jedoch erschüttert oder sogar traumatisiert aus der Geburt. Entscheidend ist dafür weniger die Schwere der unter der Geburt stattgefundenen Interventionen als vielmehr die Art, wie sie den Geburtsverlauf erlebt haben. So kann ein vermeintlich kleiner Dammschnitt von der Gebärenden als viel traumatischer empfunden werden als ein in einer Notsituation eilig veranlasster Kaiserschnitt.

Entscheidend sind vor allem die Menschen, die das Geschehen begleiten. Wenn eine Mutter auch bei schwierigen Geburtsverläufen gut informiert in alle Entscheidungen selbstbestimmt einwilligen kann, wird sie ganz anders aus dieser Geburt herausgehen, als wenn über ihren Kopf hinweg bestimmt wurde oder sie dem Geschehen gar nicht folgen konnte.

Eltern und Baby brauchen Zeit zum Verarbeiten

Die Nachbesprechung gerade von als schwierig erlebten Geburten ist immens wichtig. Eltern müssen verstehen können, was warum an welcher Stelle wie gelaufen ist. Sie müssen Zeit und Raum haben zu sagen, was für sie nicht gut gelaufen ist. Und wenn das Geschehen sie nachhaltig belastet, brauchen sie eine gute fachliche Begleitung, um das Trauma zu verarbeiten. Sofern das nicht geschieht, können noch Jahre später die Symptome einer posttraumatischen Belastungsstörung auftreten.

Durch bestimmte Auslöser (Trigger) werden die schlimmen in der damaligen Situation aufgetretenen Gefühle erneut aktiviert, obwohl sachlich gar keine wirkliche Bedrohung vorliegt. Angst, Erstarrung, die Beschleunigung des Herzschlages oder andere intensive emotionale und körperliche Wahrnehmungen zeigen, dass das Erlebte im Gehirn noch nicht verarbeitet und dort sicher abgelegt ist. Auch Väter können davon betroffen sein. Vor allem dann, wenn sie bei der Geburt um die Gesundheit oder gar das Leben des Kindes oder das der Partnerin bangen mussten.

Stress in der Schwangerschaft wirkt sich auch auf das Baby aus

Doch nicht nur die Eltern können durch einen schweren Start ins Leben belastet sein, sondern auch das Kind. Bereits Stress und seelische Belastungen in der Schwangerschaft können das Ungeborene beeinflussen. Denn in Stresssituationen schüttet der Körper Stresshormone aus, wie etwa Adrenalin, Noradrenalin, Dopamin und Vorstufen von Cortisol. Dadurch erhöhen sich die Atem- und Herzfrequenz und der Blutdruck der Mutter deutlich. Außerdem wird die Muskulatur angespannt und die Verdauungstätigkeit vermindert.

Alle diese Veränderungen nimmt auch das Baby im Bauch wahr. Dementsprechend beschleunigt sich dann beispielsweise auch seine Herzfrequenz.

Doch keine Sorge, nicht jeder Stresszustand in der Schwangerschaft ist gleich schädlich für das Ungeborene. Generell sollten Schwangere zwar möglichst entspannt durch diese besondere Zeit gehen, aber das ist eben nicht immer möglich. Erkrankungen, Trennungen, Naturkatastrophen, Umzüge oder andere Belastungen können nun einmal genau in diesen Zeitraum fallen.

Es gibt jedoch Hinweise darauf, dass großer und anhaltender Stress möglicherweise zu Frühgeburtlichkeit oder aber zu späteren

In der Schwangerschaft sollten Sie sich genügend Ruhe und Erholungspausen gönnen.

neurologischen oder emotionalen Entwicklungsstörungen führen kann. Dementsprechend sollten Schwangere vor zu starker Belastung geschützt werden.
Dazu gehört auch eine Freistellung bei hoher Belastung am Arbeitsplatz. Achten Sie darauf, dass Sie schon in der Schwangerschaft für sich erkennen, wann es sinnvoll ist, auch einmal Nein zu sagen, wenn zu viel von Ihnen gefordert wird.
Auch nach der Geburt ist es, gerade im Alltag mit einem Baby mit besonders hohen Bedürfnissen, wichtig, sich immer wieder auf sich selbst zu besinnen und sich vor zusätzlichem Stress zu schützen.

Erfahrungen, die im Körpergedächtnis gespeichert werden

Während Sie jedoch in der Schwangerschaft noch deutlich leichter mitsteuern können, wie viel Stress Sie sich zumuten wollen, ist die Belastung durch eine schwere Geburt nicht wirklich steuerbar.
Die Geburt ist eine Erfahrung, die auch das Baby macht und bei der es bestimmte Empfindungen erlebt, die es auch auf seelischer und körperlicher Ebene abspeichert (Körpergedächtnis). Das vermehrte Schreien und

WICHTIG

GEBURTSHILFE MIT BELASTENDEN FOLGEN

Sprechen Sie mit Bezugspersonen und Fachkräften, wenn Sie eine schwere Geburt mit belastenden Erfahrungen erlebt haben. Wenn Sie die Rahmenbedingungen vor Ort als sehr negativ erlebt haben, können Sie eine schriftliche Beschwerde an das Krankenhaus schicken.
Alljährlich wird am 25. November, dem »Roses Revolution Day«, gegen Gewalt in der Geburtshilfe demonstriert. Frauen legen Rosen an den Geburtstationen ab, in denen sie Gewalt in Form von körperlichen oder verbalen Übergriffen erfahren haben.

INFO

SCHWERE GEBURT – ERSCHWERTE BINDUNG?

Der Geburtsverlauf hat auch Einfluss auf den Bindungsaufbau zu Ihrem Kind. Operationen, Medikamente und eine Trennung von Ihrem Baby nach der Geburt können diese erschweren. Das bedeutet aber nicht, dass deshalb keine gute Bindung möglich ist. Im Gegensatz zu manchen Säugetieren können wir Menschen unsere Kinder auch dann annehmen und eine tiefe gute Bindung zu ihnen aufbauen, wenn die ersten Stunden oder Tage nach der Geburt stark belastet waren. Der Bindungsaufbau ist ein Prozess, der sich nicht nur auf die ersten Stunden nach der Geburt bezieht. Nutzen Sie auf jeden Fall jede sich bietende Gelegenheit, mit Ihrem Baby in Kontakt zu sein. Tragen, Stillen, Hautkontakt oder ein gemeinsames Bad sind in der gesamten Babyzeit wunderbare Bindungsbausteine.

Weinen ist dann ein möglicher Weg für das Baby, den damit verbundenen Stress zu reduzieren. Bewusst erinnern können sich Kinder zwar erst in späteren Lebensjahren, aber auch auf unbewusster Ebene werden bestimmte Erinnerungen geschaffen, die Auswirkungen auf unser Gefühlserleben haben können.

Unterschiedliche Behandlungsansätze

Bei der Behandlung von Schreibabys spielt deshalb die Geburtsgeschichte immer eine große Rolle. Und gemeinsam mit dem Therapeuten wird geschaut, welche Auswirkungen diese auf Mutter und Kind hat.
Dabei gibt es verschiedene Behandlungsansätze. Für einige Mütter ist das Sprechen darüber ein guter Weg der Verarbeitung. Für andere können körperpsychotherapeutische Behandlungsansätze passender sein. Auch mit dem Baby kann auf dieser Ebene gearbeitet werden.
Nehmen Sie Ihre Empfindungen rund um die Geburt ernst. Lassen Sie sich das von Ihnen Erlebte nicht kleinreden durch Sätze wie »Hauptsache, das Kind ist gesund«. Selbstverständlich ist das wichtig. Aber ebenso wichtig ist auch, dass Sie sich nach der Geburt auf körperlicher *und* seelischer Ebene gesund fühlen. Eine schwere Geburt muss verarbeitet werden, von Ihrem Baby genauso wie von Ihnen selbst.
Ein hilfreicher Lesetipp hierzu ist das Buch »Es ist vorbei – ich weiß es nur noch nicht« von Tanja Sahib (▸ **siehe Seite 122**).

MÖGLICHE STÖRUNGEN

Wenn ein Baby auf die Welt kommt, verfügt es zwar wie bereits beschrieben schon über zahlreiche Kompetenzen. Dennoch braucht es an fast allen Stellen unsere Unterstützung. Es kann sich in seinen Bedürfnissen mitteilen, ist jedoch darauf angewiesen, dass wir diese erkennen und möglichst umgehend darauf reagieren.
In der Interaktion mit seinen Eltern kann ein Kind also seine Bedürfnisse wie das Bedürfnis nach Nahrung, Schlaf oder Beruhigung angemessen regulieren. Mit der Zeit lernt das Kind dann immer selbstständiger zu agieren. Doch vorerst wird es noch etliche Jahre auf unsere unmittelbare Unterstützung angewiesen sein.
Ganz allgemein hilft es uns Eltern, wenn wir uns immer wieder vergegenwärtigen, wie vergleichsweise kurz dieser kleine Mensch erst auf der Welt ist.

Regulationsstörungen

Als Regulationsstörung im Säuglingsalter bezeichnet man die außergewöhnliche Schwierigkeit eines Babys, sein Verhalten angemessen zu regulieren. Da die Entwicklung gerade in den ersten Lebensjahren so rasant vonstattengeht, muss man zur Beurteilung natürlich immer das Alter des Kindes berücksichtigen.
In unserer Kultur wird dem Baby oft mehr abverlangt, als es altersentsprechend zu leisten in der Lage ist. So wird zum Beispiel von einem sechs oder sieben Monate alten Kind erwartet, dass es schon eine bestimmte Menge Beikost isst. Wenn wir aber bedenken, dass ein Kind im ersten Lebensjahr ein Säugling ist, wird schnell klar, dass nicht alle Babys diese Erwartung erfüllen können. Es handelt sich also nicht um eine Fütterstörung, wenn ein Kind in diesem Alter nur gestillt werden möchte. Auch stündliches Aufwachen ist bei einem drei Monate alten Baby deutlich anders zu bewerten als bei einem dreijährigen Kind.

Erschwertes Schlafen, Stillen und Füttern

Sie merken sicher schon, dass sich keine genaue Definition der Regulationsstörungen in Bezug auf das Schrei-, Schlaf-, Still- und Fütterverhalten festlegen lässt. Entscheidend ist letztlich auch, was für die Eltern gerade konkret ein Problem ist.

Gerne werden Kindern auch mal von außen »Diagnosen« gegeben, obwohl sich das Kind altersentsprechend verhält und nur in der Gesellschaft andere Erwartungen vorherrschen. Die altersentsprechende Entwicklung hat zudem in fast allen Bereichen eine große Bandbreite. Manche Kinder laufen mit zehn Monaten, andere erst mit 18 Monaten. Große Unterschiede gibt es ebenso in allen anderen Bereichen. Das eine Kind kann sich schneller selbst beruhigen, das andere benötigt dafür etwas mehr elterliche Unterstützung. Würde man dem noch nicht laufenden einjährigen Kind die Unterstützung

Auch Stillprobleme können im Zusammenhang mit Regulationsstörungen stehen.

versagen, nur weil das Nachbarskind schon seit zwei Monaten läuft? Sicherlich nicht. Genauso wichtig ist es auch in allen anderen Bereichen zu schauen, welche Unterstützung das Kind gerade braucht. Sie sind die Experten für Ihr Kind. Ob ein kindliches Verhalten für Sie zum Problem wird, können Sie selbst am allerbesten einschätzen. Es ist also nicht entscheidend, wie genau das Verhalten Ihres Babys aussieht, um es als Regulationsstörung einzustufen, sondern wie es Ihnen im Alltag damit geht und welche Schwierigkeiten für Sie damit verbunden sind.

In der Schreibabyambulanz bekommen Eltern Unterstützung im Umgang mit ihrem Kind.

Diagnose und Behandlung von Regulationsstörungen

In der Schreibabyambulanz wird man deshalb vor allem zunächst zuhören, was Sie berichten. Dann gilt es gemeinsam mit Ihnen zu schauen, wie es Ihrem Baby geht und wie es sich verhält.
Regulationsstörungen treten gehäuft mit anderen Belastungen wie prä- und postnatalem Stress, psychischen Erkrankungen (zum Beispiel Wochenbettdepressionen, Angststörungen) oder Paarkonflikten auf. Es gibt sie aber auch völlig unabhängig von belastenden psychosozialen Faktoren.
In Schreibabyambulanzen oder sozialpädiatrischen Zentren (SPZ) gibt es speziell ausgebildete Fachleute, die Regulationsstörungen diagnostizieren und Ihnen geeignete Behandlungs- und Unterstützungsmöglichkeiten vorschlagen. Ihre Hebamme oder Ihr Kinderarzt kann Ihnen geeignete Anlaufstellen in Ihrer Nähe nennen.

Überforderte Sinne: sensorische Integrationsstörung

Eine weitere mögliche Ursache für exzessives Schreien kann eine Störung im Zusammenspiel der Sinnesmodalitäten sein. Die sensorische Integration ist ein neurologischer Prozess, bei dem das Gehirn verschiedene Sinneseindrücke wie Sehen, Hören, Tasten, Fühlen, Riechen, Schmecken, Bewegungen und Körperwahrnehmung so ein-

ordnet und verarbeitet, dass der Mensch mit einem entsprechenden Verhalten reagieren kann. Es werden dabei verschiedene Wahrnehmungsbereiche sinnvoll miteinander verknüpft, sodass entsprechende sinnvolle Handlungen daraus resultieren.
Kommt es zu Störungen in diesem Prozess, können anhaltendes Schreien, aber auch Schlafstörungen oder Probleme beim Stillen oder Füttern eine mögliche Folge sein. Manche Kinder zeigen auch deutliche Abneigung gegen bestimmte Berührungen und Spürreize. Die Interaktion zwischen Eltern und Kind kann ebenso erschwert sein wie die Aktivität des Kindes im Allgemeinen. Bei manchen Kindern ist der Gleichgewichtssinn eingeschränkt, was die Bewegungsentwicklung des Kindes erschweren und zu Schwierigkeiten im Schlaf- und Wachrhythmus führen kann.

INFO

FÖRDERUNG DER BASISSINNE

Eine sensorische Integrationsstörung liegt dann vor, wenn die verschiedenen Sinneseindrücke vom Gehirn nicht ausreichend gut verarbeitet werden können. Bei der Behandlung der sensorischen Integrationsstörung werden vor allem die Basissinne (Gleichgewicht, Tiefensensibilität und Hautsinn) des Kindes gefördert. Dazu werden ihm entsprechende sensorische Reize angeboten.
Die Therapie der sensorischen Integrationsstörung wird beispielsweise von speziell geschulten Ergotherapeuten oder Physiotherapeuten angeboten. Für die Behandlung benötigen Sie ein Rezept von Ihrem behandelnden (Kinder-)Arzt.

Hochsensibilität – erhöhte Empfindsamkeit

Hochsensible Menschen nehmen Sinnesreize deutlich intensiver und detaillierter wahr. Sie haben eine verstärkte Wahrnehmung in vielen Bereichen. Das kann zum Beispiel dazu führen, dass sie von der Stimmung der sie umgebenden Menschen viel schneller beeinflusst werden oder sie auch Schmerzen stärker wahrnehmen.
Die Hochsensibilität ist keine behandlungsbedürftige Krankheit. Sie kann jedoch den normalen Alltag bedeutend erschweren, wenn sich die Betroffenen von den vielfältigen Reizen in ihrer Umwelt regelrecht überflutet fühlen.

Aufmerksam und leicht irritierbar – das hochsensible Kind

Dies trifft besonders auf Kinder zu, bei denen sich die Hochsensibilität auf sehr vielfältige Weise zeigen kann. Oft sagen Eltern später, dass sie schon als Baby die Anzeichen bei ihrem Kind bemerkt haben. So reagieren viele Kinder von Anfang an sehr feinfühlig auf die innerfamiliäre Grundstimmung. Sie wirken meist sehr aufmerksam und beobachten ihre Umwelt genau. Sie reagieren eher irritiert auf unbekannte Geräusche oder neue Gerüche. Zu viele Reize überfordern diese Kinder und verstärken damit auch das Weinen.

Zuwendung und einfühlsame Begleitung im Alltag

Hochsensible Kinder bevorzugen eine feste Struktur und möglichst immer gleiche Abläufe in ihrem Alltag. Außerdem hilft ihnen viel elterliche Nähe und Zuwendung, die für sie allzu reichlichen Sinneseindrücke besser zu verarbeiten.
Auch jenseits der Babyzeit ist es wichtig, Rücksicht auf die besonderen Bedürfnisse eines hochsensiblen Kindes zu nehmen. Das bedeutet nicht, dass das Kind vor allen äußeren Einflüssen geschützt oder gar abgeschirmt werden muss. Es ist jedoch sinnvoll, sich mit der verstärkten Wahrnehmung von hochsensiblen Kindern ausreichend zu beschäftigen. Dadurch lässt sich manches zunächst vielleicht irrational erscheinende Verhalten besser einordnen. Das ermöglicht es Ihnen, Ihr Kind einfühlsam zu begleiten und ihm den Halt und die Sicherheit zu geben, die es zur Entwicklung seiner Selbstständigkeit braucht.

Wenn Sie also vermuten, dass Ihr Baby hochsensibel ist, kann es sinnvoll sein, sich bereits jetzt mit diesem Thema ein bisschen mehr auseinanderzusetzen. Allerdings ist nicht automatisch jedes hochsensible Baby ein High-Need-Baby. Aber für alle Babys mit hohen Bedürfnissen gilt, dass Sie vor allem im Hier und Jetzt schauen, was Ihr Kind gerade braucht.
Wenn Sie hilfreiche Bücher zum Thema hochsensible Kinder suchen, beachten Sie bitte unsere Empfehlungen auf Seite 122.

INFO

SCHMERZEN BEIM TRINKEN

Es wird vermutet, dass sehr sensible Kinder den gastrokolischen Reflex stärker wahrnehmen als andere Kinder. Dieser Reflex ist bei der Nahrungsaufnahme eine Reaktion des Darms auf die Meldung des Magens, dass der Darm entleert werden soll, um Platz zu schaffen für neue Nahrung (deswegen scheiden so viele Babys beim Stillen oder Füttern aus). Sehr sensible Babys verspüren diesen Reflex als Schmerz und unterbrechen dann das Stillen oder Trinken durch Weinen. Sie brauchen eine Pause und müssen sich erst beruhigen, bevor sie weitertrinken können.

Entwicklungsfrustration

Vermehrtes Weinen kann auch in Phasen vorkommen, in denen das Baby etwas tun möchte, was es noch nicht gelernt hat. Zum Beispiel will es etwas greifen oder zu einem Spielzeug robben, schafft es aber nicht. Den Frust darüber drückt das Baby dann durch lautes Weinen aus. Für die Eltern besteht die Herausforderung darin, das Baby zu begleiten, ohne seine Entwicklung zu hemmen, indem sie ihm durch ihre Hilfestellung alles ermöglichen. Das Kind möchte es aus sich heraus schaffen, sodass der Frust gleichzeitig ein gewisser Antrieb ist.

Überstimulation

Für Ihr Baby ist jeder neue Reiz ein Antrieb zum Lernen und Entdecken. Nie wieder verknüpfen sich die Nervenzellen so schnell wie in den ersten frühen Lebensjahren. Eltern wollen das oft gerne unterstützen, indem sie ihrem Kind viele vermeintlich interessante Spielsachen oder Spielsituationen anbieten. Aber gerade für kleine Babys ist das häufig viel zu viel.

Auch zu laute Geräuschquellen, ständige Ortswechsel und fremde Menschen können Ihr Kind überstimulieren, was sich dann in vermehrtem Weinen bemerkbar macht.

Rückenlage, fehlende Begrenzung und zu viele visuelle Eindrücke und Sinnesreize können ein Baby – vor allem in der ersten Zeit – überfordern.

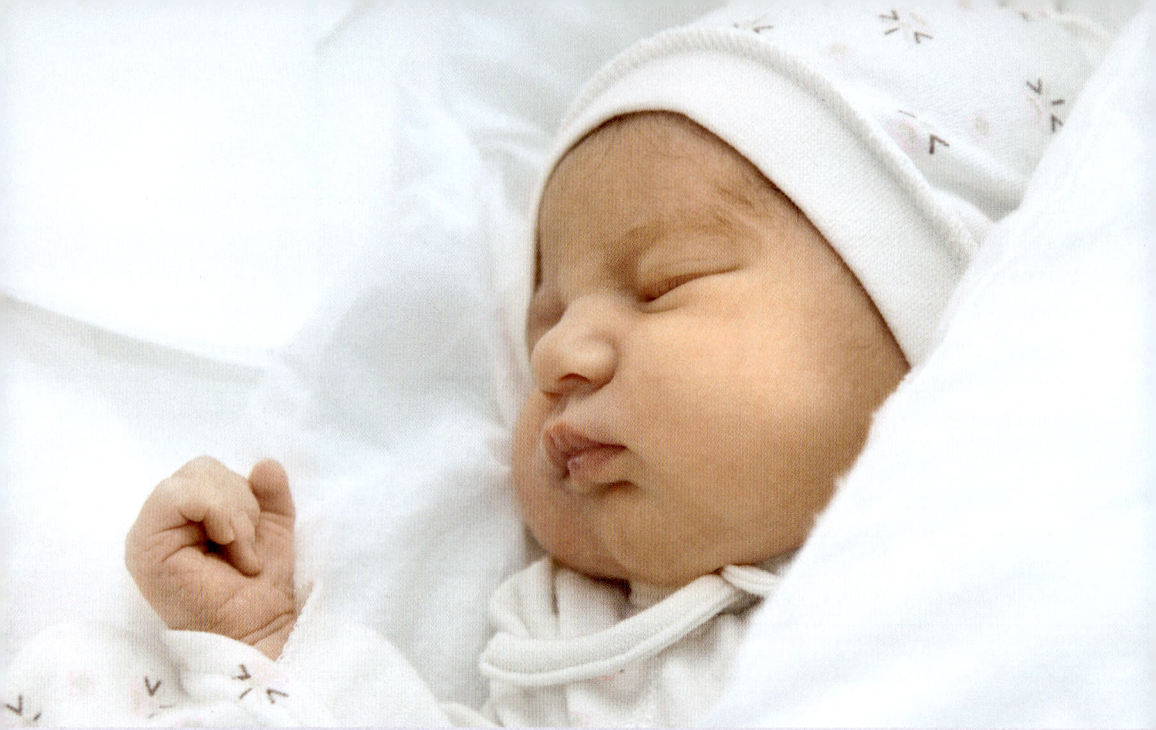

JEDES KIND IST ANDERS – DIE TEMPERAMENTE

Wenn Sie schon mehrere Kinder haben, dann wissen Sie es: Ihre Temperamente sind unterschiedlich und wir haben als Eltern viel weniger Einfluss darauf, als wir das vor der Geburt des ersten Kindes möglicherweise vermutet haben.
Oft zeigt sich die Verschiedenartigkeit sogar schon in der Schwangerschaft. Während die einen Babys eher gemütliche kleine Bewegungen im Bauch machen, sind manche Ungeborene schon so aktiv, dass ihr Strampeln und ihre temperamentvollen Bewegungen für die Mutter bisweilen sogar etwas unangenehm sein können.
Viele Eltern entwickeln im Kopf bereits ein Bild von ihrem Kind, noch bevor es geboren wird. Doch dieses Bild basiert natürlich in erster Linie auf ihren eigenen Erfahrungen und kann in der Realität noch einmal ganz anders aussehen.

NICHT LEISE UND SANFT, SONDERN LAUT UND BESTIMMT

Mein lautes Kind war schon immer laut. Es kam laut schreiend auf die Welt und empörte sich eine ganze Weile über diesen neuen Lebensabschnitt. Es schrie auch später weiter: wenn es in die Windeln machen musste, wenn es Hunger hatte, wenn es irgendetwas anders haben wollte, als es gerade war. Es hat seine Bedürfnisse oft nicht erst leise und sanft mitgeteilt, sondern gleich laut und bestimmt. geborgen-wachsen.de

Bedürfnisse werden unterschiedlich geäußert

Wenn das Kind dann auf der Welt ist, lernen wir es nach und nach kennen. Bereits in den ersten Tagen und Wochen bekommen wir eine Vorstellung davon, welches Temperament dieser neue kleine Mensch mitgebracht hat. Das Temperament wiederum definiert auch die Bedürfnisse des Kindes und die Art und Weise, wie es diese zum Ausdruck bringt.

Schon beim Stillen oder beim Füttern zeigen sich deutliche Unterschiede: Da gibt es auf der einen Seite die gemütlichen, ausdauernden Trinker, die ihr Stillbedürfnis mit einer Vielzahl von frühen Hungerzeichen ganz allmählich ankündigen. Und dann gibt es die Babys, die von jetzt auf gleich lautstark ihren Hunger anmelden und dann kurz und hastig an der Brust trinken.

Ähnlich ist es mit dem Bedürfnis nach Halt und Nähe: Manche Kinder brauchen so viel Nähe, dass sie am liebsten ausschließlich am und auf dem Körper von Mama oder Papa sind. Andere hingegen brauchen zwischendurch mehr Raum und Bewegungsfreiheit und fühlen sich über längere Zeit im Tragetuch eingeengt und unwohl.

Auch beim Schlafen zeigt sich das Temperament eines Kindes – sei es in der Häufigkeit des nächtlichen Aufwachens oder in den für das Baby erforderlichen Bedingungen, um überhaupt erst in den Schlaf zu finden.

Die Enge im Tragetuch empfinden viele Babys – jedoch nicht alle – als sehr wohltuend.

Schreien – auch eine Sache des Temperaments

Das vermehrte Schreien Ihres Babys kann also auch einfach dem individuellen Temperament geschuldet sein. Das bedeutet nicht, dass Ihr Kind deshalb die ganze Kindheit lang seine Bedürfnisse lautstark anmelden oder seinen Stress durch Schreien äußern wird. Aber vielleicht werden Sie später feststellen, dass Ihr Kind besonders gut und klar seine Meinung sagen und für sich eintreten kann – wer weiß?

Auch wir Eltern bringen unser eigenes Temperament mit. Vielleicht sind auch Sie und Ihr Partner zwei recht verschiedene Charaktere. Das bereichert eine Beziehung, ist aber manchmal nicht ganz einfach. Und auch in der Beziehung zu Ihrem Kind werden Sie möglicherweise immer wieder feststellen, dass da zwei ganz schön unterschiedliche Temperamente aufeinanderprallen.

Das Temperament ist nicht Erziehungssache

Wer rechnet als eher introvertierter Mensch schon unbedingt damit, dass ausgerechnet das eigene Kind mit einem ausgeprägt extrovertierten Temperament durchs Leben gehen wird? Aber betrachten Sie diese Unterschiedlichkeit eher als Entlastung. Es ist viel weniger das, was Sie tun, als das, was Ihr Kind mitbringt, entscheidend dafür, wie es sich verhält. Der Umstand, dass Ihr Baby gerade so häufig weint, kann also durchaus einfach an seinem Temperament liegen.

WICHTIG

ERWARTUNGEN AN DAS (UNGEBORENE) KIND

Es ist normal, dass Eltern bestimmte Erwartungen an ihr Baby haben. Sind sie aber zu strikt, besonders in Bezug auf das Verhalten, führt das langfristig oft zu Problemen. Untersuchungen haben gezeigt, dass die Kenntnis des zukünftigen Geschlechts des Kindes zu einer unterschiedlichen Ansprache des Kindes im Bauch führen kann: So werden geschlechtsspezifische Vorstellungen auf das Kind übertragen, die wahrscheinlich wenig mit seinem tatsächlichen Temperament und seiner zukünftigen Entwicklung zu tun haben oder sich später als falsch herausstellen. Wenn Sie schwer mit dem Temperament Ihres Kindes zurechtkommen, weil es ganz anders ist als ihr eigenes oder anders als erwartet, hilft eine professionelle Unterstützung in Form einer Familienberatung.

Jedes Kind ist eine einzigartige Persönlichkeit. Wenn Eltern ihr Baby so lieben und annehmen, wie es ist, machen sie ihm damit ein kostbares Geschenk.

Jedes Kind ist einzigartig

Das vermehrte Weinen ist die momentane Art und Weise Ihres Kindes, seine Bedürfnisse zum Ausdruck zu bringen: Möglicherweise hat es Gebärmutterheimweh (▸ **siehe Seite 18 f.**) und kann so vielleicht am besten Stress abbauen.

Auch später sind die Ausdrucksweisen von Kindern ganz verschieden. In der Kindheit gemachte Erfahrungen und auch die Erziehung beeinflussen zwar ein Kind, doch das Wesen seines Charakters wird sich immer zeigen. Als Eltern hilft es uns, diese Verschiedenartigkeit einfach anzuerkennen und vor allem immer wieder den Fokus darauf zu lenken, welche wunderbaren und einzigartigen Eigenschaften das Temperament *dieses* Kindes mit sich bringt. Es gibt in der Elternschaft keine Patentrezepte, die sich auf alle Kinder übertragen lassen. Deshalb ist es am wichtigsten, *unser* Kind kennenzulernen und genau so zu lieben, wie es ist.

»Der einzige Weg für ein Baby, unerträgliche Spannung zu entladen, liegt darin, zu schreien. Schreien ermöglicht die Lösung der Spannung.«

SHEILA KITZINGER

DIE BEDÜRFNISSE DER ELTERN

WENN WIR DIE URSACHEN DES SCHREIENS EINGEGRENZT HABEN, SIND WIR AUF EINEM GUTEN WEG, UM MÖGLICHE HILFEN ZU FINDEN. DABEI MÜSSEN IMMER AUCH DIE BEDÜRFNISSE UND NÖTE DER ELTERN BEACHTET WERDEN.

ELTERN SEIN – EINE GANZ NEUE ERFAHRUNG

In den 40 Wochen einer Schwangerschaft bekommen wir als werdende Eltern zwar eine gewisse Zeit der Vorbereitung. Doch spätestens dann, wenn das Baby da ist, merken wir, dass man sich auf vieles überhaupt nicht vorbereiten kann.

Wir bekommen zahlreiche Informationen im Geburtsvorbereitungskurs und auch das bewusste Veratmen der Wehen haben wir schon als Trockenübung trainiert. Doch wie die Geburt letztlich verläuft und vor allem wie es uns damit geht – das wissen wir vorher nicht. Wir können problemlos den besten und atmungsaktivsten Schlafsack auswählen. Und doch erfahren wir erst nach der Geburt, was unser Baby wirklich braucht, um entspannt und geborgen schlafen zu können. Auch in vielen anderen Dingen hat die Vorstellung vorher nur wenig mit der Realität danach gemeinsam.

WICHTIG

EINE SICHERE BINDUNG ERMÖGLICHEN

Wenn Sie ein Baby haben, das viel weint und schreit, und Sie sich deswegen hilflos und verzweifelt fühlen, weil anscheinend nichts hilft von dem, was Sie ursprünglich dachten, ist das sehr anstrengend. Es kann passieren, dass sich durch die Überforderung eine innere Distanz zum Baby aufbaut und sich das Baby fremd und anstrengend für Sie anfühlt. Der Aufbau einer sicheren Bindung kann dadurch schwerer fallen. Deswegen ist es in solchen Situationen wichtig, professionelle Unterstützung zu erhalten, beispielsweise von einer Schreibabyambulanz (Näheres dazu ▸ siehe Seite 78).

Nicht nur das Baby wird geboren – auch wir Eltern

Für ein Baby ist alles neu, wenn es auf die Welt kommt. Bereits im Bauch und bei seiner Geburt, aber auch jeden Tag danach macht es neue Erfahrungen und lernt dazu. Aber auch die Eltern lernen das Elternsein immer erst auf dem Weg mit ihrem Kind. Es gibt keine Ausbildung und kein Studium, das uns konkret zeigen kann, was wir später in unserem Familienalltag erleben werden. Wir alle bringen verschiedene Vorstellungen ebenso wie ganz individuelle Erfahrungen aus unseren Herkunftsfamilien mit. Auch wenn wir unseren Partner schon gut und lange kennen, wissen wir vorab nicht, wie er oder sie als Vater oder Mutter sein wird. Das Elternwerden fühlt sich deshalb gerade am Anfang manchmal ein bisschen an wie eine Landung auf einem fremden Planeten.
Mit dem ersten Kind werden auch wir als Eltern erst geboren. Dann machen wir auf diesem noch unbekannten Terrain *gemeinsam* die ersten Schritte und Erfahrungen.

RATLOS UND VERZWEIFELT

Bubba Ray schlief im Wochenbett viel. In den ersten Wochen bekam man kaum etwas von ihm mit. Nach guten zwei, drei Monaten begann er Töne von sich zu geben. Meistens waren sie schrill und laut, meistens war er irgendwie unzufrieden. Alles, was wir taten, schien er blöd zu finden. Er war mein erstes Kind, ich wollte alles richtig machen. Ich fragte meine Hebamme, meine Mutter, meine Schwiegermutter. Erhoffte mir Tipps von Familienangehörigen, die mich und meinen Mann groß gekriegt hatten – die müssten ja ähnlich ticken. Doch die Tipps brachten nichts, außer pure Verzweiflung meinerseits.
oeko-hippie-rabenmuetter.de

Der Anspruch, gute Eltern zu sein

Viele Eltern, aber auch die Menschen in ihrem sozialen Umfeld haben nicht selten die Erwartung, alles von Anfang an perfekt hinzubekommen. Schon vor der Geburt macht man sich viele Gedanken, wie man als Eltern zu sein hat. Die Ansprüche sind groß und implizieren, dass wir immer genau wissen, was unser Kind gerade braucht; dass wir immer geduldig und achtsam darauf eingehen können; dass wir stets die Balance zwischen kindlichen und elterlichen Bedürfnissen halten können; und dass obendrein der Haushalt perfekt aussieht, ebenso wie wir selbst auch.
Dieses Idealszenario wird auch medial gerne vermittelt. Und doch ist es unendlich weit

Positive Gedanken können Ihnen in schwierigen Zeit Trost und Halt geben.

TIPP

STÄRKENDE WORTE

Eltern mit einem Baby, das viel weint und schreit, zweifeln oft stark an sich selbst und ihren Fähigkeiten. Das Selbstwertgefühl kann sehr darunter leiden, wenn Eltern das Gefühl haben, dem kleinen Baby nicht helfen zu können.
Aus diesem Grund ist die gegenseitige Unterstützung der Eltern so wichtig: Sagen Sie sich immer wieder, dass Ihr Partner, Ihre Partnerin das gut macht und alles tut, was er beziehungsweise sie nur tun kann. Stellen Sie sich in konkreten Situationen vor, dass ein Mensch an Ihrer Seite steht und Ihnen bestätigt: »Du machst das gut. Du machst alles, was möglich ist. Du bist eine gute Mutter, ein guter Vater.« Diese Vorstellung sollte zu Ihrem inneren Mantra werden.

weg von der Realität des tatsächlichen Babyalltags. Natürlich haben alle Eltern den Wunsch, es so gut wie möglich zu machen. Das ist auch gut so, denn es ist ein Antrieb, uns immer wieder achtsam damit auseinanderzusetzen, wie wir die momentanen Bedürfnisse unseres Kindes am besten erfüllen können.

Hilfe – zuerst für die Eltern

Trotzdem gibt es nun einmal diese Tage, an denen der Schlafmangel kaum noch auszuhalten ist. Dann mag man nicht noch eine weitere Runde Warum-Fragen beantworten oder will sich einfach nur mal eine Stunde allein im Bad einschließen – »weit weg« von den Kindern, von aller Verantwortung und von allen Sorgen.
Und das ist auch okay so. Elternschaft bedeutet nicht, 24 Stunden am Tag glücklich und erfüllt zu sein. Elternschaft heißt auch, immer wieder mal an persönliche Grenzen zu stoßen. Und dann zu schauen, was jetzt hilft und funktioniert, damit es *allen* in der Familie gut geht.
Natürlich stehen die kindlichen Bedürfnisse an erster Stelle, gerade wenn die Kinder noch ganz klein sind. Aber mit völlig erschöpften und ausgelaugten Eltern funktioniert eben auch nichts mehr.
Deshalb gilt hier in etwa das Gleiche wie im Falle einer akuten Notsituation im Flugzeug: Helfen Sie als Erstes sich selbst und danach den Kindern.

TIPP

HALTEN SIE DIE SCHÖNEN MOMENTE FEST

Die Tage mit einem viel schreienden Baby sind manchmal so anstrengend, dass wir keine Gedanken und Erinnerungen mehr an die guten Seiten des Alltags haben und alles grau in grau sehen. Gerade jetzt ist es wichtig, sich auf positive Dinge zu fokussieren und sich daran festzuhalten. Schreiben Sie sich in ein kleines Heft die schönen Momente des Alltags auf, besonders die mit dem Baby. Oder notieren Sie sie auf einen Zettel, den Sie in ein »Glücksglas« legen. Bei Gelegenheit können Sie die guten Erinnerungen dann herausholen und durchlesen. Auch wenn diese Zeit unendlich anstrengend erscheint, gibt es immer wieder schöne Momente, die festgehalten werden sollten.

Geduld und Nachsicht für uns selbst

Auf den Alltag mit einem High-Need-Kind trifft das ganz besonders zu, weil hier die Regenerationsmöglichkeiten noch wesentlich eingeschränkter sind.
Ihr Kind ist wichtig, keine Frage. Aber Sie als Eltern sind es ebenso. Genauso wie Sie

Geduld für die einzelnen Entwicklungsschritte Ihres Kindes haben, so sollten Sie bitte auch Geduld für und mit sich selbst mitbringen. Für Ihr Kind sind Sie ohnehin die perfekten Eltern. Aber ist es wirklich wichtig, was die Nachbarin über den Zustand Ihrer Wohnung denkt? Die Antwort dürften Sie inzwischen kennen.

MONATE IM AUSNAHMEZUSTAND

Man kann noch so fertig sein, das Kind aus dem brennenden Wrack ziehen schaffst Du selbst dann noch. Weil es einfach höchste Priorität hat, weil es Alarmstufe rot ist. Da funktionierst Du. Da hast Du Adrenalin, so viel, wie Du brauchst, um zu funktionieren. Das ist ein absoluter Ausnahmezustand. Und nun stell Dir vor, diese Situation Autounfall und Kind aus dem brennenden Wrack ziehen dauert nicht zehn Minuten, sondern neun Monate. Dann kannst Du nicht sagen, es geht nicht mehr, ich muss erst Kraft sammeln, um dem Kind helfen zu können. Das Kind liegt eingequetscht, um Leben und Tod schreiend, im brennenden Wrack. Du handelst. Und Du handelst. Und Du handelst. Du hörst nicht auf. Die ganze Zeit nicht. Nein, unser Kind hat nicht gebrannt. Aber die Situation war eine derartige Ausnahmesituation. Ich sage das bei vollem Bewusstsein und riskiere, dass manche die Augen verdrehen.
2kindchaos.com

Als Eltern setzen wir andere Prioritäten

Kinder bringen uns in vielen Situationen immer wieder dazu, unsere Prioritäten zu überdenken. Manchmal nervt es sicherlich, dass man das Gefühl hat, nichts zu schaffen oder fertigzubekommen. Aber letztlich ist es ein großes Geschenk, das uns die Kinder da machen. Es braucht keine umfangreichen Achtsamkeitsseminare, um uns mal wieder nur auf eine Sache und ganz auf den Moment zu fokussieren. Unsere Kinder bringen uns durch das vehemente Anmelden ihrer Bedürfnisse immer wieder dazu, uns auf den Augenblick zu konzentrieren.

Ganz im Hier und Jetzt

Die Schnelllebigkeit in unserer Gesellschaft tut den meisten Menschen nicht gut. Wir merken letztlich alle irgendwann, dass Multitasking nicht wirklich funktioniert. Es wird deutlich, dass alles viel besser funktioniert, wenn die Dinge Schritt für Schritt nacheinander gemacht werden – in individuellem Tempo. Und genau das ist es, woran uns unsere Kinder immer wieder erinnern.

WAS WIRKLICH WICHTIG IST

Sicherlich fühlt es sich gut an, wenn man den großen Wäscheberg abgearbeitet hat, die Fenster geputzt oder den Kuchen für den angekündigten Besuch selbst gebacken hat. Zudem ist das Ergebnis dieser Arbeit unmittelbar sichtbar. Vieles, was wir an Aufgaben als Eltern leisten, ist dagegen nicht so konkret sichtbar. Wir tragen, trösten und begleiten unsere Kinder den ganzen Tag. Und doch dominiert so manches Mal am Ende des Tages das Gefühl, so gut wie nichts geschafft zu haben.

ERINNERUNGEN SCHAFFEN

Verändern Sie hier einmal Ihre Denkweise und versuchen Sie sich vorzustellen, was Sie in 15 oder 20 Jahren über den heutigen Tag denken werden. Würden Sie Ihrem Kind dann nicht viel lieber erzählen, dass Sie es auf Ihrem Arm in den Schlaf begleitet haben, als dass Sie die Fenster besonders sauber geputzt haben?

Eltern sein und Partner bleiben

Mit einem häufig schreienden Baby treten oft nicht nur die eigenen Bedürfnisse in den Hintergrund, sondern auch die Paarbedürfnisse. Eltern, die vom Schreien des Babys in einen Stresszustand geraten, sind oft so angespannt, dass weitere Körperlichkeit für sie schwierig wird und Berührungen vermieden werden. Sex kommt in dieser Zeit für einige Paare oder für den Elternteil, der die meiste Zeit mit dem Kind verbringt, nicht in Betracht. Der Körper ist in einer so großen Alarmbereitschaft, dass er sich einfach nicht entspannen kann.

Das ist unter diesen Bedingungen normal. Wichtig ist, dass sich beide Partner dessen bewusst sind und zusammen versuchen, den Stress abzubauen und sich körperlich ganz behutsam wieder einander anzunähern. Das können zunächst einfache, liebevolle Berührungen und kurze Küsse sein. Gut ist es auch, den Partner darauf hinzuweisen, wo Berührung jetzt überhaupt angenehm ist und in welcher Weise.

Nicht nur mit einem Schreibaby tritt das Liebesleben oft für einige Zeit in den Hintergrund.

TIPP

SO MACHEN SIE SICH DAS LEBEN LEICHTER

Nutzen Sie auch die Möglichkeiten der modernen Medien, um sich den Alltag zu erleichtern: Lassen Sie sich Einkäufe nach Hause liefern, bestellen Sie online. Vielfach kann man sogar gesunde Mutter-Kind-Biokisten mit Obst und Gemüse online bestellen. Nutzen Sie Apps, um in Aufgabenlisten dem Partner oder den Freunden mitzuteilen, was Sie brauchen. Bestellen Sie Pizza, statt aufwendig zu kochen. Vereinfachen Sie überall da, wo es möglich ist – zumindest für die ersten Wochen und Monate mit Ihrem Baby.

Und wo bleibe ich? – Selbstfürsorge

Das, was Sie gerade jetzt für Ihr Kind tun, ist überaus wichtig. Es ist tatsächlich wichtiger als alles andere. Ihr Baby mit hohen Bedürfnissen hat Sie sich als Eltern ausgesucht in dem festen Vertrauen, dass Sie die perfekten Eltern für seine Begleitung sind. Und das sind Sie auch.

Damit Sie diese anstrengende Aufgabe bewältigen können, ist es ganz wichtig, dass Sie gut auf Ihre eigenen Bedürfnisse achten. Wir reden nicht davon, dass Sie zweimal die Woche abends ins Kino gehen sollen – das ist für die meisten Eltern in der Babyzeit unrealistisch. Doch Sie können und sollten sich im Alltag Ihre kleinen Inseln der Erholung schaffen. Dafür braucht es Unterstützung – Näheres hierzu im nächsten Kapitel (▸ **siehe Seite 72 ff.**).

Statt Energie zu vergeuden – mit den Kräften haushalten

Aber auch wenn Sie gerade allein mit Ihrem Baby sind, sollten Sie bewusst die Momente wahrnehmen, in denen Sie etwas Kraft tanken können.

Damit kommen wir wieder zu den Prioritäten. Es ist viel wichtiger, dass Sie die Tasse Tee in Ruhe trinken, wenn sich die Gelegenheit dazu ergibt, als dass Sie hektisch den selbst gebackenen Kuchen verschlingen. Die Teepause stärkt Sie als Mutter. Der selbst gebackene Kuchen für Ihren Besuch verstärkt höchstens die oft leider unrealistischen Vorstellungen, die viele Menschen von einem Leben mit Baby haben.

Umgeben Sie sich mit Menschen, die Ihnen guttun

Je nachdem, wie lange Sie schon Ihr Baby mit hohen Bedürfnissen begleiten, haben Sie das Prioritätensetzen vermutlich schon an vielen Stellen umgesetzt. Denn Ihr Kind fordert Sie so sehr, dass es gar nicht anders möglich ist. Menschen, die keine wirkliche Idee vom Alltag mit einem Schreibaby haben, können oft nicht nachvollziehen, weshalb gerade so wenig andere Dinge in Ihrem Alltag Platz haben. Wenn Sie das Gefühl haben, auch nach der Schilderung Ihrer Situation kein Verständnis zu erfahren, sollten Sie etwas auf Abstand gehen.

Halten Sie sich lieber an die Menschen, mit denen Sie sich wohlfühlen. Negative Kritik schwächt uns als Eltern nur. Verständnis und Zuspruch aber geben Kraft. Gerade in Krisenzeiten brauchen Eltern viel positive Unterstützung.

Überprüfen Sie deshalb für sich, welche Begegnungen Ihnen guttun. Das gilt auch, wenn Sie online in Foren oder in Sozialnetzwerken unterwegs sind.

TIPP

LASSEN SIE SICH AUFGABEN ABNEHMEN

Es gibt eine ganze Reihe von Aufgaben, die Sie ohne Weiteres an Familienangehörige oder Freunde delegieren können, zum Beispiel:

- Essen bringen oder vorkochen
- Einkäufe und andere Besorgungen erledigen
- Geschwisterkinder betreuen
- Das Baby zeitweise auf den Arm nehmen
- Wäsche waschen, putzen und andere Hausarbeiten

Lassen Sie sich nicht von vermeintlichen Pflichten diktieren, sondern denken Sie auch an Ihre eigenen Bedürfnisse. Legen Sie regelmäßig Pausen ein, um neue Kräfte zu tanken.

UNTERSTÜTZUNG IM FAMILIENALLTAG

Das heutige Kleinfamilienmodell, meist bestehend aus Mutter, Vater, Kind, ist eigentlich nicht das, was die Evolution zur Bewältigung des Alltags mit Kindern vorgesehen hatte. Familie umfasste auch noch Großeltern, Tanten und weitere Verwandte. Man lebte nah beisammen, sodass immer genügend Erwachsene anwesend waren, die sich um die Betreuung der Kinder und um den Haushalt kümmern konnten.

Von der Großfamilie zur Kleinfamilie

Bereits im Wochenbett zeigt sich, dass es diesen engen familiären Zusammenhalt heute nur noch selten gibt. Die meisten Eltern müssen sich in der sensiblen Zeit mit ihrem Neugeborenen um alles selbst kümmern. Wie viel leichter ist doch der Start ins Familienleben, wenn zum Beispiel das Ko-

chen in den ersten Wochen durch andere übernommen wird!
Auch nach dem Wochenbett ist eine solche Unterstützung sehr viel wert. Doch in den wenigsten Familien ist eine Oma in unmittelbarer Nähe, die das Baby eben mal auf den Arm nimmt, damit man in Ruhe duschen kann. Ganz im Gegenteil, familiärer Besuch ist heutzutage nicht selten sogar eine zusätzliche Belastung für die jungen Eltern geworden, auch wenn man sich natürlich freut, einander zu sehen.

Pufferzeiten für Partner

Manchmal ist, gerade am Anfang, der Partner die einzige Unterstützung, die bereitsteht – dies aber oft erst nach der Arbeit. Wenn der Tag mit dem Baby anstrengend war, verspüren Sie vielleicht den Impuls, dem Partner direkt an der Tür das Baby in die Arme zu geben, um endlich ein paar Ruheminuten zu haben. Das ist normal und verständlich.
Besser ist es jedoch, ein wenig abzuwarten. Oder mit dem Partner zu vereinbaren, dass er vor dem Nachhausekommen selbst erst ein wenig zur Ruhe kommt und den Arbeitsalltag abstreift, um dann wirklich fokussiert für das Baby da zu sein und sich darauf einzulassen.
Es werden später sicher andere Zeiten kommen, in denen ein leichterer Übergang möglich ist. Doch jetzt, mit einem häufig weinenden Baby, ist es wichtig, das Kind durch eine hektische Übergabe nicht zusätzlich zu überreizen. Durch einen Moment der Ruhe kann sich auch der Partner sammeln, seine Atmung und Körperhaltung entspannen und damit einen positiven Einfluss auf das Baby nehmen.

»Um ein Kind aufzuziehen, braucht es ein ganzes Dorf.«

AFRIKANISCHES SPRICHWORT

Der Wechsel von Mamas auf Papas Arm sollte nicht hastig, sondern in Ruhe vor sich gehen.

Das helfende Dorf finden

Wo finden Eltern demnach das berühmte Dorf, das ihnen beim Aufziehen ihrer Kinder hilft? Tatsächlich müssen wir Eltern es meist erst suchen.
Leider fällt es den meisten Menschen jedoch schwer, andere von sich aus um Hilfe zu bitten – und das gilt vor allem in Bezug auf das Leben mit Kindern. Schnell kommt dabei die Befürchtung auf, die anderen könnten denken, dass man überfordert ist und es alleine nicht schafft.
Doch wie am Anfang dieses Kapitels schon gesagt wurde, ist es gar nicht die ursprüngliche Idee der Elternschaft, alles allein schaffen zu müssen.

TIPP

EINE LISTE FÜR HILFSBEREITE
Gerade für Eltern von viel schreienden Babys ist es wichtig, selbst umsorgt und »bemuttert« zu werden: emotional und in konkreten Alltagssituationen. Was würde Ihrer Familie guttun? Welche Hilfe brauchen Sie im Alltag? Legen Sie eine Liste an und geben Sie diese konkreten Handlungsanweisungen an Familienangehörige und Freunde weiter. Wenn Menschen gerne helfen wollen, soll ihre Hilfe auch wirklich guttun.

Neue Freundschaften knüpfen

Wenn man das erste Kind erwartet, gibt es vielleicht im Freundeskreis noch keine oder nur wenige andere Eltern. Der Alltag von Menschen mit und ohne Kinder sieht aber gerade in den ersten Jahren oft sehr unterschiedlich aus, sodass es bisweilen wirklich schwer ist, Gemeinsamkeiten zu finden.
Neue Kontakte und Freundschaften sind in den Kinderjahren deshalb besonders wertvoll und sehr wichtig.
Wir haben als Eltern fast alle das Bedürfnis, uns mit anderen Menschen in einer ähnlichen Lebenssituation auszutauschen. Häufig treffen wir solche neuen Bekanntschaften schon in der Zeit der Schwangerschaft. Geburtsvorbereitungskurse fungieren gerne auch ein bisschen als Kontaktbörse für Elternfreundschaften.

Hürden und Hindernisse

Wie realistisch man es dann schafft, diese neuen, zarten Freundschaftsbande auch nach der Geburt fester zu verknüpfen, hängt nicht unwesentlich vom neuen Alltag mit dem Baby ab.
Als Eltern eines Kindes mit sehr hohen Bedürfnissen ist es auf alle Fälle ungleich schwerer, dies zu schaffen. An Tagen, an denen man nicht einmal zum Duschen kommt, erscheint es geradezu unvorstellbar, sich fertig angezogen mit dem Kind im Arm

Ein Austausch mit Menschen in ähnlichen Lebenssituationen tut oft gut. Halten Sie nach Gelegenheiten Ausschau, um Kontakte mit anderen jungen Eltern zu knüpfen.

irgendwo pünktlich an einem vereinbarten Treffpunkt einzufinden.

Und selbst wenn das gelingen sollte, wird man wahrscheinlich nicht mit dem selig an der Brust schlafenden Kind vor seinem Kaffee sitzen und sich nett unterhalten. Viel eher wird man schwitzend das Baby hin und her schaukeln und dabei das Gefühl haben, von allen Gästen im Café beobachtet zu werden. Wird die Unternehmung dann vorzeitig abgebrochen, geschieht dies meist mit einem Gefühl des Scheiterns. *So* hatte man sich das Elternsein nicht vorgestellt.

Die Babyeinsamkeit überwinden

Die typische Babyeinsamkeit erwischt viele Eltern, wenn sich in der Zeit der Familiengründung der bisherige Alltag so massiv verändert. Rückbildungsgymnastikkurse, Krabbeltreffs, Papaläden oder Stillgruppen schaffen für viele Eltern neue Optionen, andere Menschen kennenzulernen und sich mit ihnen zu verbinden.

So werden aus Bekanntschaften Freundschaften und im besten Fall entsteht daraus auch ein Netzwerk, das einem im Alltag guttut und hilft.

Wie wohltuend ist es doch, wenn man der Freundin beim Kaffee erzählen kann, wie anstrengend die Nächte gerade sind, und sie dann verständnisvoll nickt, weil es bei ihr vielleicht genauso aussieht oder gerade noch aussah. Müde ist man dann zwar immer noch, aber man fühlt sich wahrgenommen und verstanden. Das Bedürfnis danach haben nicht nur unsere Kinder.

KURSE MIT SCHREIBABY?

Gerade Eltern, die durch ihre hochbedürftigen Babys ganz besonders gefordert sind, bräuchten diese Netzwerke und eben dieses Verständnis. Doch gerade für sie ist es ungleich schwerer, die dafür notwendigen Kontakte zu knüpfen. Wenn ich 90 Prozent der Krabbelgruppenzeit vor der Tür verbringe, weil mein Baby so laut und untröstlich weint, wird es unweigerlich sehr schwierig. Oft werden deshalb Gruppen oder Kurse gar nicht erst besucht. Denn die betroffenen Eltern wissen, dass das eigene Baby sehr wahrscheinlich stark auf die neue Umgebung und die neuen Reize reagiert.

FEHLENDES VERSTÄNDNIS

Hinzu kommt, dass sich manche andere Eltern einfach nicht vorstellen können, dass ein Baby so »unentspannt« sein kann, obwohl seine Eltern es gut und all seinen Bedürfnissen entsprechend begleiten. Wie schnell wird doch ein Urteil gefällt, wenn man sich selbst nie in einer solchen Situation befunden hat!

Rückhalt und Austausch

Es ist gerade für besonders geforderte Eltern wichtig, Rückhalt, Austausch und Unterstützung zu haben.
Lassen Sie sich deshalb nicht durch die momentane Situation mit Ihrem Baby davon abhalten oder gar entmutigen, Angebote wahrzunehmen, die Ihnen guttun könnten.

INFO

GRUPPENANGEBOTE FÜR ELTERN

Im Internet findet man Seiten mit Kurs- und Gruppenangeboten für Eltern und Babys. Manchmal sind auch extra Angebote wie Schreibabygruppen dabei, zum Beispiel unter: www.kidsgo.de oder www.schwangerinmeinerstadt.de

In größeren Städten gibt es mittlerweile Schreibabytreffs. Eltern mit ihren untröstlich weinenden Babys können sich dort in angenehmer Atmosphäre austauschen und neue Kontakte knüpfen. Diese Gruppen werden durch Fachpersonen begleitet, die gleichzeitig auch Ansprechpartner für alle Fragen sind.

AUSPROBIEREN, WAS PASST

Aber auch weniger spezifische Babygruppen können passend sein. Sprechen Sie mit der Kursleiterin über Ihre Wünsche und Sorgen. Sinnvoll ist es auch, in den Vorstellungsrunden zu thematisieren, dass Ihr Baby vermehrt weint – gerade vielleicht auch in neuen, ihm noch unbekannten Situationen. Wenn Sie merken, dass solche Kurse für Sie und Ihr Kind gerade zu viel sind, versuchen Sie es zu einem späteren Zeitpunkt erneut. Das Leben mit Kind ist im ständigen Wandel – und das gilt ganz besonders für das erste Babyjahr.

FREUNDE – ONLINE UND OFFLINE

Eine wichtige Unterstützung können auch Foren und Gruppen sein, in denen sich Eltern austauschen, die vor ähnlichen Herausforderungen stehen wie Sie selbst. Vielleicht kann aus diesen Online-Kontakten auch eine Offline-Freundschaft werden. Nicht nur Paare finden sich heutzutage im Netz.

Aber achten Sie unbedingt darauf, dass Sie sich mit Menschen umgeben, die Sie verstehen und die Sie nicht durch unempathische Ratschläge zusätzlich schwächen. Ihr Baby braucht Sie gerade so sehr, dass wirklich keine Zeit bleibt, sich auch noch mit verständnislosen Mitmenschen auseinanderzusetzen.

RATSCHLÄGE SIND AUCH SCHLÄGE

Auch Menschen, die es eigentlich gut mit Ihnen meinen, können manchmal unbewusst dazu beitragen, dass Sie sich schlechter fühlen. In dem Wunsch, Ihnen zu helfen, werden Ihnen vielleicht diverse Ratschläge präsentiert, die Ihre momentane Situation verbessern sollen. Wenn Sie nur dies oder das tun, dann wird das untröstliche Weinen Ihres Babys schon aufhören. Gerne wird auch gesagt, dass Sie sich doch einfach nur mal entspannen sollen, dann wird das auch Ihr Kind tun.

Doch alle diese »guten Tipps« bewirken meist gerne das Gegenteil. Je nachdem, wer sie verteilt, hinterlassen sie vielleicht bei Ihnen sogar das Gefühl, nicht kompetent genug als Mutter oder Vater zu sein. Dieses Gefühl schwächt Sie, und das in einer Situation, in der Sie eigentlich besonders viel Kraft brauchen.

Hören und fühlen Sie also genau hin, wie es Ihnen mit dem Gesagten geht. Sagen Sie klar und deutlich, was Sie brauchen und was gerade nicht. Wenn Ihnen das schwerfällt, kann das vielleicht Ihr Partner übernehmen. Investieren Sie Ihre ohnehin schon so rare und wertvolle Zeit am besten nur in Menschen, die Sie bestärken und in deren Anwesenheit Sie sich wohlfühlen.

Umgeben Sie sich mit Menschen, von denen Sie sich verstanden fühlen und die Ihnen guttun.

WIE ARBEITET DIE SCHREIBABYAMBULANZ?

In einer Schreiambulanz finden Eltern zunächst einmal einen geschützten Raum, in dem sie berichten können, wie es ihnen gerade mit ihrem Baby geht und was ihre größten Sorgen und Probleme sind. Anhand einer Anamnese können Therapeut und Eltern dann vielleicht schon einige mögliche Ursachen erkennen.

ENTSPANNUNG FÜR ELTERN UND KIND

In der Schreibabyambulanz geht es weniger darum, etwas zu tun, damit das Schreien sofort aufhört. Der Fokus liegt vielmehr darauf zu erkennen, was das Baby braucht und was vor allem die Eltern in dieser belastenden Zeit benötigen. Neben dem Zuhören wird häufig auf körpertherapeutischer Ebene gearbeitet, zum Beispiel mit bestimmten Haltungen, Massagen oder Entspannungsübungen für das Baby und die Eltern. Auch Atemübungen können den Eltern zeigen, wie es ihnen gelingt, in den Schreiphasen bei sich zu bleiben und nicht auf das Erregungsniveau des Kindes einzusteigen. So können sie ihr Kind besser durch diese anstrengende Zeit begleiten.

NICHT DAS PROBLEM, SONDERN DIE LÖSUNG STEHT IM MITTELPUNKT

In der Schreibabyambulanz wird zudem lösungsorientiert gearbeitet. Das heißt unter anderem, dass der Fokus nicht nur auf die Probleme gelenkt wird, sondern dass den Eltern auch ihre persönlichen Ressourcen bewusst gemacht werden. Sie werden in ihrer elterlichen Kompetenz gestärkt.

Im Zentrum der Schreibabytherapie steht also vor allem die emotionale und bindungsorientierte Unterstützung, damit die Eltern ihr Kind möglichst feinfühlig durch diese schwierige Zeit begleiten können, ohne dabei ihre eigenen Bedürfnisse zu vergessen. Die Schreibabyambulanz-Arbeit ist in der Regel eine kurzzeitige Krisenintervention mit maximal zehn Sitzungen.

Mehr Informationen dazu sowie Adressen von Schreibabyambulanzen finden Sie im Internet unter:

www.emotionelle-erste-hilfe.org/
www.trostreich.de
www.rueckhalt.de/
www.sba-kompetenzzentrum.de/

Lassen Sie sich helfen

In Krisenzeiten merken wir oft sehr deutlich, wer uns guttut und unterstützt. Es geht gerade nicht darum, die Erwartungen von anderen zu erfüllen, sondern zu schauen, wer und was uns Kraft gibt, um gut durch diese anstrengende Zeit zu gelangen.
So ist vielleicht die Nachbarin, die ungefragt einen Topf Suppe vor die Tür stellt, im Moment eine bessere Hilfe in Ihrem Alltag als die supergute Freundin, die Ihnen zur Entspannung einen Kinobesuch vorschlägt und sich wundert, warum das für Sie gerade nicht machbar ist.
Sprechen Sie auch mit Ihrer Familie über die Situation. Wenn Ihre Eltern selbst nur sehr entspannte Babyzeiten kennen, wird es für sie vielleicht schwer sein nachzuvollziehen, weshalb ihr Enkelkind so häufig derart untröstlich weint. Sprechen Sie mit ihnen darüber oder geben Sie ihnen dieses Buch zum Lesen in die Hand. Sagen Sie deutlich, wie man Sie im Alltag unterstützen kann.

HILFE TUT GUT – AUCH DEN HELFERN

Ihr Baby lässt sich auf einem anderen Arm wahrscheinlich noch schwerer beruhigen. Aber dieser Arm kann Ihnen stattdessen ein Essen kochen oder den Einkauf erledigen. Sie wissen selbst am besten, was Sie gerade am meisten brauchen. Sagen Sie es. Die meisten Menschen – gerade auch die eigenen Eltern – wollen gerne helfen. Andere zu unterstützen gibt auch dem Helfenden ein gutes Gefühl. Geben Sie ihnen also die Gelegenheit dazu und sorgen Sie damit dafür, dass es das eingangs erwähnte Dorf auch in Ihrem Alltag gibt.

MODERNE NACHBARSCHAFTSHILFE

Wenn es niemanden in Ihrer Familie oder Ihrem Freundeskreis gibt, nutzen Sie moderne Varianten der Nachbarschaftshilfe. Fragen Sie auch Ihre Hebamme oder Ihren Kinderarzt, welche Helfersysteme es in Ihrer Umgebung gibt. Diese können Sie auch darüber informieren, in welchen Fällen eine durch die Krankenkasse finanzierte Mütterpflegerin die passende Unterstützung ist und wie Sie diese beantragen können.

TIPP

SO FINDEN SIE UNTERSTÜTZUNG IN IHRER UMGEBUNG

Unterstützung und Hilfe für Eltern in Form von Hausbesuchen durch moderne Nachbarschaftshilfe gibt es unter anderem bei:
http://www.wellcome-online.de
Auch an anderen Stellen gibt es Unterstützung, beispielsweise durch Babylotsen, Leihgroßeltern, Mitarbeiter der Frühen Hilfen, Familienpflegedienste oder Mütterpflegerinnen.

VERSAGENSGEFÜHLE BEWÄLTIGEN

Elterliche Kraft ist nicht verhandelbar

Generell müssen alle Eltern gut auf ihre Ressourcen achten. Für Sie als Eltern eines Schreibabys gilt das jedoch ganz besonders. Denn Ihr untröstlich weinendes Baby lässt Ihnen noch weniger Raum und Zeit, um zwischendurch Kraft zu schöpfen und die eigenen Akkus aufzufüllen.

Stressreaktionen des Körpers

Das Weinen eines Babys löst bei seinen Eltern eine psychische Erregung aus mit messbaren körperlichen Symptomen wie dem Anstieg der Herzfrequenz, des Blutdrucks oder auch einer stärkeren Schweißsekretion. Die Atmung wird flacher und der ganze Körper spannt sich an. Dadurch wird der Impuls gegeben, sich sofort um das weinende Kind zu kümmern und etwas zu tun, da-

mit das vom Kind ausgesendete Alarmsignal aufhört. Wenn sich das Baby beruhigt, beruhigen sich auch die Eltern wieder und Puls und Blutdruck sinken.
Wenn ein Baby jedoch anhaltend und untröstlich weint, bleiben die Stresssymptome bei den Eltern bestehen und es können sich Verzweiflung, Angst, Ohnmacht oder Wut breitmachen. Es ist eine hochgradig belastende Situation, für die es auch keinen Gewöhnungseffekt gibt.
Das bedeutet, dass die Symptome jedes Mal erneut auftreten, wenn das Baby zu weinen beginnt. Neben der emotionalen Belastung sind also auch die körperlichen Symptome bei den Eltern hoch.

Eltern-Burnout verhindern

Wenn Sie merken, dass Sie an Ihre Belastungsgrenze kommen, kommunizieren Sie dies deutlich und frühzeitig. Denn die elterliche Kraft ist nicht verhandelbar. Wir können viel aushalten und mitmachen, wenn es darum geht, unsere Kinder durchs Leben zu begleiten. Aber unsere Kraft ist eben nicht unendlich vorhanden.
Wenn die Warnzeichen für Erschöpfungszustände über längere Zeit hinweg übersehen werden, kommt irgendwann der große Zusammenbruch. Der Körper zieht zum Schutz einfach die Reißleine.
Warten Sie nicht so lange, bis dieser Punkt erreicht ist. Sorgen Sie gut für sich – denn das ist die beste Prävention, ein elterliches Burnout-Syndrom zu verhindern. Vergleichen Sie sich auch nicht mit anderen Eltern. Die empfundene Belastung ist immer absolut subjektiv. Nur Sie leben gerade dieses Leben – einschließlich aller damit verbundenen Herausforderungen.

WICHTIG

ANZEICHEN FÜR DROHENDEN BURNOUT

Das aus dem Arbeitsleben bekannte Burnout-Syndrom lässt sich auch bei Eltern beobachten. Gerade Eltern von High-Need-Babys leiden häufiger unter Überlastungs- und Erschöpfungszuständen.
Mögliche Symptome, die Sie sehr ernst nehmen sollten, sind diese:

- Antriebslosigkeit
- anfangs auch Hyperaktivität
- innere Leere
- extreme Müdigkeit
- (Ein-)Schlafprobleme
- Verspannungen, Rückenschmerzen
- Kopfschmerzen
- Verdauungsstörungen, Übelkeit
- irrationale Angstzustände
- Rückzug
- Gleichgültigkeit
- Aggression
- Depression

Selbstvorwürfe sind unangebracht

Schon in der Schwangerschaft gibt es riesige Unterschiede, wie Mütter diese erleben. Einige Frauen fühlen sich fit wie ein Turnschuh, und das bis zu dem Moment, an dem die Wehen einsetzen. Andere verbringen viele Monate im Bett, leiden zum Beispiel an Übelkeit und übermäßigem Erbrechen und fühlen sich einfach nur furchtbar. Weder die eine noch die andere Frau hat deshalb etwas besser oder schlechter gemacht.

Und so ist es auch mit den Bedürfnissen Ihres Kindes. Ihr Baby fordert Sie gerade besonders. Bei einem weiteren Kind kann das wiederum komplett anders sein und Sie gehen mit Leichtigkeit durch die Babyzeit.

In besonders anstrengenden Zeiten mit unseren Kindern vergessen wir uns schnell. Das ist auch bis zu einem gewissen Maß in Ordnung. Doch bei anhaltender Überlastung geht irgendwann gar nichts mehr.

Achtsamer Umgang mit sich selbst

Ihre Grenze ist Ihre Grenze. Fragen Sie sich jeden Tag, wie es *Ihnen* gerade geht. Hören Sie auf sich und achten Sie auf sich.

Tauschen Sie sich auch als Eltern regelmäßig darüber aus, wie es Ihnen gerade geht und wo Sie dringend etwas ändern müssen beziehungsweise Hilfe brauchen.

In der Eltern-Kind-Behandlung in der Schreibabyambulanz geht es auch deshalb nicht nur um Ihr Kind, sondern ebenso sehr um Ihr Befinden. Gehen Sie also bitte von Anfang an achtsam mit Ihrer Kraft um und nehmen Sie mögliche Warnzeichen einer drohenden Erschöpfung genauso ernst wie all die Bedürfnisäußerungen Ihres Babys.

TIPP

ENTSPANNENDE ATEMÜBUNG

Es ist sehr anstrengend, einen Tag mit einem schreienden Baby zu verbringen. Auch unser Körper reagiert darauf: Die Atmung wird schneller und flacher, verlagert sich auf eine Brust- statt Bauchatmung. Die folgende Übung aus dem Yoga hilft, den Körper zu entspannen (▸ **siehe Seite 88**):

- Atmen Sie einige Male ruhig durch.
- Legen Sie den Daumen Ihrer rechten Hand an den rechten Nasenflügel, schließen Sie das rechte Nasenloch und atmen Sie durch das linke gleichmäßig weiter.
- Nach einigen Atemzügen schließen Sie mit dem Ringfinger der rechten Hand das linke Nasenloch und atmen durch das rechte weiter.
- Wechseln Sie erneut die Seite.
- Atmen Sie insgesamt zehn Mal im Wechsel gleichmäßig durch das linke und das rechte Nasenloch.

STÄRKEN SIE IHRE ZUVERSICHT

Oft erzeugt der Umstand, sein Baby nicht beruhigen zu können, das Gefühl zu versagen. Dadurch werden Angst und Ohnmacht verstärkt. Aus diesem Grund ist es immer wieder wichtig, sich selbst zu verdeutlichen, wie stark und kompetent man als Eltern ist.

Gerade die anspruchsvolle Begleitung eines Schreibabys erfordert sehr viel Kraft. Es ist hilfreich, sich persönlich passende Glaubenssätze zu verinnerlichen, die einen auch in schweren Momenten motivieren und in die eigene Kraft bringen.

Machen Sie sich immer wieder bewusst, wie stark Sie als Mutter oder Vater für Ihr Baby sind.

Natürlich tut es auch gut, von außen zu hören, dass man seine Sache als Eltern gut macht. Aber in erster Linie ist es wichtig, dass Sie selbst an sich glauben.
Lenken Sie Ihren Fokus daher immer wieder auf die guten Momente. Überlegen Sie sich am Tagesende, was heute gut gelaufen ist oder in welchen Momenten Sie sich besonders wohl gefühlt haben.

HILFREICHE GLAUBENSSÄTZE FÜR KRITISCHE MOMENTE

- **Ich kann meinem Baby Halt geben.**
- **Ich helfe meinem Baby durch meine Anwesenheit, auch wenn es schreit.**
- **Ich bleibe in meiner Mitte, auch wenn mein Baby außer sich ist.**
- **Ich bin eine starke Mutter, ein starker Vater für mein High-Need-Baby.**

ELTERN MIT BESONDEREN HERAUSFORDERUNGEN

Allein oder getrennt erziehend

Das Elternleben an sich ist immer eine Herausforderung, erst recht mit einem Schreibaby. Für manche Eltern kommen allerdings noch zusätzliche hinzu. Vielleicht begleiten Sie Ihr Kind alleinerziehend durch Leben, weil kein Partner da ist, der Sie bei dieser Aufgabe unterstützt. Auch als getrennt erziehende Eltern ist es nicht immer einfach, sich auf einen gemeinsamen Weg für Ihr Kind zu einigen. Wenn Sie im Alltag allein mit Ihrem weinenden Baby sind, fällt die unmittelbarste Hilfe weg. Es ist kein Partner da, dem Sie Ihr Baby »einfach in die Hand drücken« können, wenn Sie selbst keine Kraft mehr haben.
In dieser Situation ist das auf Seite 74 beschriebene helfende Dorf noch wichtiger.

Konkretisieren Sie die Ihnen angebotene Hilfe. Wen dürfen Sie auch notfalls mitten in der Nacht anrufen? Wer kann auch kurzfristig vorbeikommen und Ihnen das Baby mal abnehmen? Wer kann einspringen, wenn Sie zum Beispiel krank geworden sind? Es ist entlastend, vorab einen Plan B für schwierige Situationen zu haben.
Tauschen Sie sich auch mit anderen Alleinerziehenden aus und nehmen Sie Beratungsangebote in Anspruch. Das Jugendamt ist ein erster Ansprechpartner, der Sie berät, welche Hilfen Ihnen konkret zustehen, und auch bei der Vermittlung einer Tagesmutter oder Leihoma helfen kann.
Hilfreiche Literatur und Links für Alleinerziehende finden Sie auf ▸ **Seite 122 ff.**

Belastungen für die Psyche

Mütter befinden sich nach der Geburt generell in einer äußerst sensiblen Lebenssituation. Damit sie sich voll und ganz auf ihr Baby einlassen können, sind sie emotional sehr offen. Das führt andererseits dazu, dass sie andere belastende Situationen stärker als üblich treffen.
Eine körperliche oder psychische Erkrankung nach der Geburt verkompliziert den Babyalltag zusätzlich. Wenn diese Erkrankung dann mit einem Baby mit besonders hohen Bedürfnissen zusammenfällt, sind die Eltern bald an ihren Grenzen angelangt. Oft machen sie sich auch Vorwürfe, dass etwa die Wochenbettdepression erst dazu geführt haben könnte, dass das Baby so viel schreit. Diese Schuldgefühle belasten zusätzlich. Nicht selten bilden sich in der Folge Abwärtsspiralen, die das Familienleben weiter erschweren. Deshalb ist in derart hoch belasteten Situationen besonders schnelle fachliche Hilfe erforderlich.
Ein erster Ansprechpartner kann Ihre Hebamme sein, aber auch die Frauenärztin oder der Hausarzt. Diese vermitteln Ihnen idealerweise schnell einen Kontakt zu den auf psychische Erkrankungen spezialisierten Gesundheitsdienstleistern. Für akute seelische Störungen nach der Geburt bieten manche Kliniken für Psychiatrie und Psychotherapie auch eine Ambulanz an, die rund um die Uhr erreichbar ist.
Vielleicht sind Sie auch als hochsensible Mutter ganz besonders von Ihrem Alltag mit Ihrem High-Need-Baby gefordert, weil das Weinen Sie aufgrund Ihrer Hochsensibilität ganz besonders stark trifft. Das Leben mit einem Kind bringt auch für Sie als Eltern viele neue Reize und Emotionen mit sich, die sich schnell überfordernd anfühlen können, gerade wenn Ihre Sinne sehr sensibel reagieren. Für Ihr eigenes Wohlbefinden bräuchten Sie eigentlich wesentlich mehr Ruhepausen, als es der Alltag Ihnen ermöglicht. In diesem Fall kann Ihnen vielleicht das Buch »Hochsensible Mütter« von Brigitte Schorr (▸ **siehe Seite 122**) Rat und Anregungen für Ihren Familienalltag geben.

Auch Geschwister brauchen Zeit, sich an die neue Familienkonstellation zu gewöhnen.

Geschwisterkinder

Wenn Ihr Baby mit besonders hohen Bedürfnissen nicht Ihr erstes Kind ist, stehen Sie der Herausforderung gegenüber, auch noch die Bedürfnisse des Geschwisterkindes entsprechend zu berücksichtigen. Die Ankunft eines neuen Familienmitgliedes ist immer eine große Veränderung. Wenn das Baby zudem besonders viel elterliche Nähe und Aufmerksamkeit benötigt, wird die Situation für die Eltern und die größeren Geschwister ungleich schwieriger. Eltern beschreiben oft eine große Zerrissenheit zwischen allen Bedürfnissen. Die eigenen kommen dabei meist an letzter Stelle, weil mit mehreren Kindern noch weniger Zeit zur eigenen Erholung zur Verfügung steht. Auch ist es nicht immer möglich, die Situation so zu gestalten, dass ein Baby die reizarme Umgebung bekommt, die ihm vielleicht guttun würde. Denn je nach Alter können die Geschwister noch gar nicht oder nur schwer verstehen, warum das Baby so viel weint. Auch für sie ist die Situation belastend, weil sie natürlich die Anspannung und den Stress der Eltern unmittelbar miterleben. Darum ist noch wichtiger, dass die Eltern angemessen unterstützt werden. Es ist hilfreich, wenn die Geschwisterkinder gut und liebevoll von anderen vertrauten Bezugspersonen mit betreut werden (▸ **siehe Seite 72 ff.**).

Jedes Kind braucht Zuwendung

Genauso wichtig ist es, dass die Eltern die Möglichkeit bekommen, Zeit mit den größeren Kindern zu verbringen, etwa indem sich andere mal um das Baby kümmern. Wenn die Geschwister noch recht klein sind, ist es wichtig, die besondere Situation kindgerecht zu erklären. Erzählen Sie den Kindern, dass die Situation nicht immer so bleiben wird, wie sie jetzt ist. Versuchen Sie auch, Geschwister in die Babypflege mit einzubinden. Das können kleine Handreichungen sein, aber auch die gemeinsame Freude darüber, wenn ein Geschwisterkind das Baby zum Lächeln bringt.

Geschwister haben eine besondere Bindung zueinander. Trotzdem gehören auch unangenehmere Emotionen mit dazu. Eifersucht und Aggressionen auf das neue Baby gibt es unabhängig davon, ob ein High-Need-Baby in eine Familie geboren wurde. Das Gefühl, nicht allen Kindern gerecht zu werden, kennen ebenfalls alle Eltern.

Mehrlinge

Auch die Eltern von Mehrlingen stehen vor besonderen Herausforderungen, wenn sie sich im Alltag um zwei oder mehr Babys gleichzeitig kümmern müssen. Wenn eines der Kinder dann noch untröstlich weint, sind selbst vier Elternhände oft zu wenig. Auch hier ist die Unterstützung im Alltag ganz wesentlich, um nicht die Balance zwischen kindlichen und elterlichen Bedürfnissen ganz aus dem Blick zu verlieren.

Auf alle Bedürfnisse schauen

Nicht alle Schwierigkeiten dieser besonderen Zeit hängen mit den starken Bedürfnissen Ihres Babys zusammen. Doch ganz egal, warum Sie als Eltern vor zusätzlichen Herausforderungen im Alltag mit Ihrem Baby stehen, blicken Sie nicht darüber hinweg. Das Schreien Ihres Kindes überlagert sicherlich zunächst vieles. Aber schauen Sie auch, welche Schwierigkeiten sonst noch da sind und wo das Einholen von Hilfe sinnvoll sein könnte. Dass ein Baby erhöhte Bedürfnisse hat, kommt in allen möglichen Lebenssituationen vor. Auch die unkomplizierteste Schwangerschaft und die entspannteste Hausgeburt schützen nicht davor.

WICHTIG

POSTPARTALE DEPRESSION

Eine postpartale Depression kann im ganzen ersten Jahr nach der Geburt auftreten. Nehmen Sie mögliche Anzeichen unbedingt ernst. Die folgenden zwei Fragen können deutliche Hinweise auf eine vorliegende Depression geben:

- Fühlten Sie sich im letzten Monat häufiger niedergeschlagen, traurig, bedrückt oder hoffnungslos?
- Hatten Sie im letzten Monat deutlich weniger Lust auf Dinge, die Sie normalerweise gerne tun und die Ihnen Freude machen?

Wenn Sie beide Fragen mit Ja beantworten, sollten Sie Ihren Hausarzt oder einen psychiatrischen Facharzt aufsuchen. Eine genauere Selbsteinschätzung ermöglicht Ihnen der Fragebogen »Edinburgh Postnatal Depression Scale«: http://www.schatten-und-licht.de/joomla/static_content/Dokumente/fragebogenselbsteinschaetzung.pdf

ENTSPANNUNGSSTRATEGIEN FÜR ELTERN

An dieser Stelle finden Sie einige Vorschläge, die sich schnell umsetzen lassen. Sie ersetzen natürlich nicht die auf ▸ **siehe Seite 64 ff.** beschriebenen weiterführenden Hilfen, können jedoch etwas Entspannung in den angespannten Alltag mit Ihrem Baby bringen.

DURCHATMEN

So banal es klingen mag, versuchen Sie ganz bewusst durchzuatmen, wenn Sie spüren, dass das Weinen Ihres Kindes für Sie stressig wird. Konzentrieren Sie sich vor allem auf das Ausatmen. Pusten Sie den Atem ganz lange und vielleicht auch laut aus, um Spannung abzugeben. Mit dem Einatmen schöpfen Sie neue Energie. Die Konzentration auf Ihren Atem hilft Ihnen, bei sich zu bleiben, wenn Ihr Kind gerade ganz außer sich ist. Und ja, es stimmt, dass dieser Atemrhythmus an das Veratmen der Wehen erinnert.

LAUTSTÄRKE REDUZIEREN

Es ist in Ordnung, wenn Sie Ohrenstöpsel verwenden oder sich Kopfhörer aufsetzen. Sie werden Ihr weinendes Baby in Ihrem Arm trotzdem hören, aber wenn Sie so die Lautstärke etwas dimmen können, werden Sie es vielleicht länger ruhig begleiten können. Kopfhörer mit Musik helfen auch bei

Eine Atemübung hilft Ihnen, Stress abzubauen und sich zu entspannen.

Gedämpfte Lautstärke erleichtert es Ihnen, wieder ruhiger und gelassener zu werden.

Bestimmte Teekräuter haben eine beruhigende und ausgleichende Wirkung.

der Entspannung, wenn Ihr Partner das Baby betreut und Sie vielleicht in der Badewanne Kraft tanken. Wenn Sie Ihr weinendes Kind weiterhin hören, bleibt auch der körperliche Erregungslevel hoch, sodass eine Entspannung nur schwer möglich ist.

ENTSPANNUNGSPUNKTE

Reiben Sie zunächst mit dem Daumen die Handfläche der anderen Hand. Hier liegt der Akupunkturpunkt Perikard 8 (Palast der Nervosität). Pressen Sie dann mit dem Daumen und Zeigefinger auf die Zwischenräume (Schwimmhäute) der Finger an der anderen Hand, beginnend beim Daumen. Atmen Sie dabei bewusst ein und aus. Wechseln Sie anschließend die Seite.

ENTSPANNUNGSTEE

Folgende Kräuter wirken beruhigend und ausgleichend: Melisse, Hopfen und Baldrian fördern den Schlaf. Passionsblume wirkt beruhigend und angstlösend. Lavendel hilft gegen nervöse Unruhezustände. Sie können die Kräuter einzeln oder als Teemischung in der Apotheke kaufen.
Aus Lavendel- und Melissenblüten lässt sich auch ein Entspannungsbad herstellen: Je zwei Esslöffel der Teeblüten mit einem Liter heißem Wasser aufgießen und einige Minuten ziehen lassen. Den Teesud abgießen und dem Badewasser zufügen.

WUT BEWÄLTIGEN

Ein Baby nicht beruhigen zu können, kann neben Stress auch Wut erzeugen. Wenn Sie diese spüren, lassen Sie kaltes Wasser über die Handgelenke laufen. Sie können auch ein großes Glas kaltes Wasser trinken. Beides regt den Parasympathikus an und sorgt dadurch für Entspannung. Bleibt die Wut bestehen, beachten Sie bitte unsere Hinweise auf Seite 108: Das Baby niemals schütteln!

Kaltes Wasser regt den Parasympathikus an. Das hilft Spannungen abzubauen.

KONKRETE HILFEN FÜR SCHREIENDE BABYS

SCHREIT DAS BABY LANGFRISTIG, IST DAS EINE SEHR SCHWERE SITUATION FÜR DIE GESAMTE FAMILIE. JE NACH URSACHE UND ALTER KÖNNEN VERSCHIEDENE ANGEBOTE HILFREICH SEIN FÜR DAS BABY. AUCH ELTERN BRAUCHEN KONKRETE HILFESTELLUNGEN FÜR DEN ALLTAG.

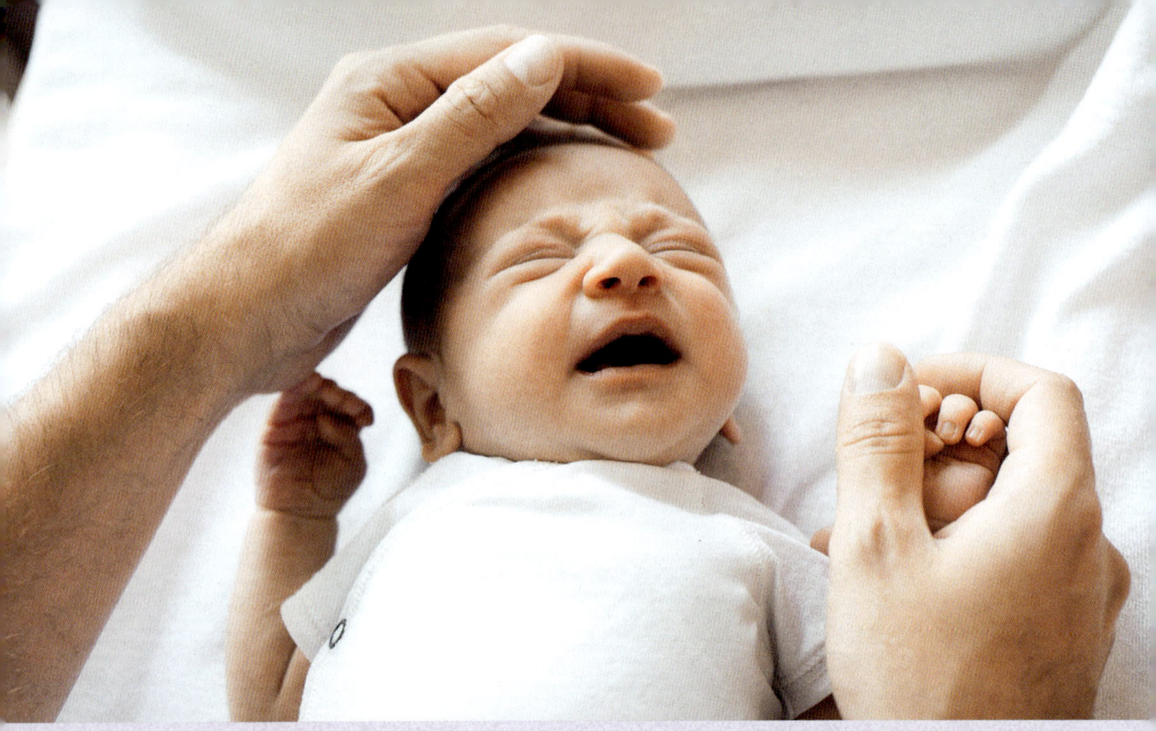

BEOBACHTEN – VERSTEHEN – HANDELN

Nachdem wir die Ursachen für das Schreien des Babys eingegrenzt haben, können wir unserem Baby passende Angebote machen, damit es sich entspannen kann und wir langfristig gemeinsam zu einem ruhigeren Tagesablauf gelangen.
Und damit sind wir beim letzten Eckpfeiler der Babyberuhigung angelangt: Nach dem Beobachten und Verstehen kommt als dritter Schritt das Handeln.

Veränderungen brauchen Zeit

Natürlich ist meistens keine Umstellung von einem Tag auf den anderen möglich. Viele Hilfsmaßnahmen erfordern ein generelles Umdenken. Deswegen ist es normal, dass die Umstellung auch etwas Zeit in Anspruch nimmt. In vielen Fällen sind aber schon durch einzelne Anregungen und Hilfen spürbare Verbesserungen möglich.

Ein individueller Hilfe-Baukasten für jede Familie

Wie wir schon gesehen haben, können die Auslöser des Schreiens vielfältig sein und sie stehen manchmal auch in Zusammenhang mit dem Alter des Kindes. Viele Babys weinen besonders viel in den ersten drei Monaten. Aber auch später gibt es noch Kinder, die viel weinen oder bei einzelnen Entwicklungsschritten sehr empfindsam sind. Es kann auch vorkommen, dass Kinder nach einer Phase der Ausgeglichenheit zu einem stärkeren Weinen zurückkehren.
Aus diesem Grund haben wir die möglichen Hilfen in Drei-Monats-Intervalle untergliedert, um den jeweiligen Bedürfnissen von Babys gerecht zu werden. Hier können Sie sich die jeweils passenden Anregungen für sich und Ihr Baby heraussuchen.
Gewöhnlich gibt es für jede Familie eine Anzahl von Hilfen, die besonders gut angenommen werden, und andere dafür weniger gut. Zudem ist es in jedem Alter auch wichtig, die Bedürfnisse der Eltern in den Blick zu nehmen und konkrete Hilfen für sich selbst einzuplanen (▸ **siehe Seite 72 ff.**).
Am besten probieren Sie einige der jeweils zu Ihrer Familiensituation passenden Angebote aus und schauen, wie das Baby darauf reagiert, ob das Angebot auch für Sie praktikabel ist und wie Sie sich damit fühlen. Letztlich geht es darum, eine Entlastungssituation zu schaffen und einige konkrete Hilfen für den Alltag zu finden. In jeder Familie kann der Hilfe-Baukasten ein wenig anders aussehen, denn jede Familie ist anders. Es gibt leider nicht den einen, immer richtigen Weg, der allen Babys gleichermaßen hilft. Aber wenn Sie eine Auswahl an Beruhigungsstrategien gefunden haben, ist dies ein besonderer Schatz, der Sie wahrscheinlich über Jahre begleitet. Auch mit unseren größeren Kindern greifen wir oft instinktiv auf die Rituale zurück, die wir ausgebildet haben. Wir lernen, uns sicher zu fühlen, und ein wenig Beruhigung entsteht auch durch diese Vertrautheit und das tief verwurzelte Gefühl, dass die Tränen immer wieder auf gleiche Art getrocknet werden.

TIPP

STUFENWEISE VORGEHEN

Generell sollten Sie als Elternteil eines Schreibabys immer in drei Stufen vorgehen: Beobachten – Verstehen – Handeln. Zunächst müssen wir die Verhaltensweisen des Babys beobachten und gegebenenfalls mithilfe eines Protokolls notieren (siehe Umschlaginnenseite hinten). Das hilft uns, die Ursachen des Verhaltens zu verstehen und schließlich die jeweils passende Handlung durchzuführen. Dabei gilt bei einem schreienden Baby meistens: Weniger ist mehr!

BABYS IN DEN ERSTEN DREI LEBENSMONATEN

Wann immer wir Hilfen für Babys und Eltern in den Blick nehmen, ist es wichtig, die drei Schritte »Beobachten – Verstehen – Handeln« zu befolgen.

Wie wir schon erfahren haben, kommen Babys unreif zur Welt (▸ **siehe Seite 20 f.**) und sehen sich einer Welt gegenüber, die ganz anders ist als diejenige, die ihnen bislang bekannt war. Wenn wir ihr Verhalten beobachten, sehen wir, dass ihre Handlungen fehlende Begrenzung ausdrücken, wenn Arme und Beine sich bewegen und fahrig ins Nichts stoßen. Wir sehen, dass sie viel schlafen und ein Bedürfnis danach haben. Wenn wir sie umfassen, winkeln sich die kleinen Beine an, um eine Position einzunehmen, die eine typische Trageposition bildet. Wir erfahren, dass sie sehr häufig Hunger anzeigen und oft trinken wollen. Fügen wir diese beobachteten Anzeichen mit dem Wissen um die Rahmenbedingungen im Mutterleib zusammen, wird klar, dass das Baby mit seinem Verhalten genau das einfordert, was ihm aus der Zeit im Mutterleib bereits bekannt ist: Hüllen, Wärme, Nähe, Tragen, Nahrung und Schutz.

Das Bedürfnis nach Körperkontakt und Hüllen

Von ganz besonderer Bedeutung, um das Baby zu beruhigen, sind intensiver Körperkontakt und Hüllen. Wir versuchen damit, dem kleinen Menschen eine möglichst enge Hülle zu schaffen, die an das Erleben im Mutterleib erinnert.
Legen wir das Baby ohne Begrenzung allein ins Bett, wird es sich dort nicht lange wohlfühlen. Denn sowohl die Körperhaltung als auch die fehlende Begrenzung empfindet das Baby als ungewohnt und oft sogar als überaus beängstigend.

Körperkontakt beruhigt das Baby

Berührung und Körperkontakt sind durch die damit verbundene Hormonausschüttung bereits als Beruhigungsstrategie anzusehen: Beim Körperkontakt wird das Liebeshormon Oxytocin ausgeschüttet, das Entspannung und ein Gefühl der sozialen Verbundenheit bewirkt. Es mildert zudem Ängste, senkt den Blutdruck und den Kortisolspiegel, verbessert die Wundheilung und regt das (Nerven-)Wachstum an.

Körperkontakt und Hüllen sind vor allem angeraten bei

- Gebärmutterheimweh,
- Schmerzen,
- traumatischem Geburtserlebnis,
- Frühgeburt,
- Hochsensibilität,
- Regulationsstörungen.

INFO

MORO-REFLEX

Vielleicht haben Sie es schon einmal beobachtet, beispielsweise bei einer Untersuchung beim Kinderarzt: Wenn das Baby erschrickt oder das Gefühl hat zu fallen, reagiert es mit einem Umklammerungsreflex, indem es die Arme ruckartig hochreißt.
Dieser Reflex ist angeboren und überlebenswichtig, da er den ersten Atemzug ermöglicht und bei Schreck ein Schnappen nach Luft auslöst.
Der Moro-Reflex ist außerdem ein Hinweis darauf, dass Babys Traglinge sind und das Tragen des Babys wichtig ist. Liegt das Baby in Rückenlage im Bett, tritt der Moro-Reflex manchmal auch im Schlaf auf und führt zum Aufwachen. Durch Pucken oder Seitenlagerung des Babys kann diese Situation umgangen werden.

Pucken

Eine in vielen Kulturen genutzte Möglichkeit, dem Baby eine Hülle zu schaffen, ist das Pucken. Dabei werden Babys in den verschiedenen Kulturen auf unterschiedliche Weise in Tücher gewickelt. Diese enge Begrenzung imitiert die Enge der Gebärmutter und ist bei einem häufig weinenden Baby eine Möglichkeit, um es zu zentrieren und dadurch anderen Beruhigungsmethoden zugänglicher zu machen. Das Pucken ist dann eine Art erster Schritt in einem mehrstufigen Beruhigungsprogramm. Puckmethoden, die die Hüfte fest umwickeln, können allerdings eine Hüftdysplasie begünstigen. Allerdings wird langfristiges Pucken über mehrere Stunden am Tag ohnehin nicht empfohlen, sondern nur das gezielte Pucken als Beruhigungs- und Einschlafhilfe.
Gerade für Eltern von Babys, die viel weinen, ist die Anschaffung eines Pucksacks hilfreich, da auf diese Weise das Baby recht einfach und schnell eingebunden werden kann (Bezugsadresse ▸ **siehe Anhang**). Alternativ kann das Baby auch mit einem oder mehreren Puck- oder großen Spucktüchern gut gepuckt werden. Viele Hebammen sind mit der Technik des Puckens vertraut und können sie Eltern beibringen.
Während das Pucken mit zwei Tüchern zu den fortgeschrittenen Methoden zählt, lässt sich das Pucken mit nur einem Tuch relativ schnell gut umsetzen.

TIPP

DAS BABY ZENTRIEREN
Eine gute Beruhigungsmethode ist auch das Zentrieren des Babys: Dabei werden die Hände des Babys in die eigenen Hände genommen und auf der Brust des Babys gehalten. So kann das Baby zur Ruhe kommen. Dazu bieten sich Beruhigungsgeräusche an (▸ **siehe Seite 104 f.**).

Bequeme Babylagerung

Ein Säugling ist es nicht gewohnt, ausgestreckt auf dem Rücken zu liegen, so wie wir Erwachsenen beim Schlafen. Liegt das Baby auf dem Rücken, ist es den Sinneseindrücken ausgeliefert und kann sich nur schwer abwenden. Sein Körper kann sich noch nicht gut an die Unterlage anpassen und es sich im Bett so gemütlich machen, wie wir es vor dem Einschlafen tun. Die Rückenlage ist deswegen bei vielen Babys unbeliebt. Auch wenn es für uns Erwachsene schwer vorstellbar ist, ist es für das Baby sehr bequem, die meiste Zeit des Tages am Körper der Bindungspersonen zu verbringen - in gehaltener, angehockter Stellung wie im Tragetuch oder in der Tragehilfe.. Leidet das Baby unter Blähungen, kann die Rückenlage im Bett auch akut schmerzhaft sein.

Bauch- und Seitenlage

Für einige Babys ist die Bauchlage sehr angenehm, für andere nicht. Den aktuellen Empfehlungen nach ist die Bauchlage nur im Wachzustand des Babys anzubieten. Um sie bequem zu gestalten, kann das Baby auf eine Handtuchrolle gelegt werden, sodass das Handtuch unter den Achseln verläuft und das Baby gestützt wird und bequemer in dieser Position liegen kann.

Neugeborene werden, wenn sie im Bett liegen, gerne auf die Seite gebettet, der Körper ist dabei ein wenig gekrümmt. Tagsüber ist die Lagerung auf der Seite in Anwesenheit eines Erwachsenen aber auch eine gute Beruhigungsmöglichkeit.

Zur Vermeidung des plötzlichen Kindstods wird heute jedoch für den Schlaf das Liegen auf dem Rücken angeraten.

Bequem auf den Rücken gebettet

Bei der Methode »Kinaesthetics Infant Handling« wird eine bestimmte Lagerung des Babys auf dem Rücken empfohlen, die den Bedürfnissen und körperlichen Möglichkeiten des Babys entspricht. Es ist ein einfacher Trick, um es dem Baby gemütlich zu machen:

Falten Sie ein Handtuch in drei Stufen, wie auf dem Bild zu sehen ist. Auf diese Weise kann das Gewicht vom Kopf über den Brustkorb zum Po weitergegeben werden

Mit einem Stoffknäuel unter den Beinen ist das Baby in Rückenlage bequem gebettet: Ein Teil der Last verlagert sich auf den Po, die Bein- und Bauchmuskeln können sich entspannen.

Mit angezogenen Beinen und rundem Rücken hat das Baby optimalen Halt in der Tragehilfe.

und die Hauptlast liegt nicht auf dem Kopf oder Brustkorb. Ein Handtuch oder zwei Stoffwindeln können zu Knäueln geballt unter die Beine des Babys gelegt werden, sodass diese angewinkelt abgelegt werden können und sich die Bein- und Bauchmuskeln entspannen können. Auf diese Weise ist das Baby auch in der Rückenlage bequem gebettet und kann sich besser entspannen als auf einer ebenen Unterlage.

Tragen

Eine andere Form der Umhüllung, die noch mehr Vorteile mit sich bringt als das Pucken, ist das Tragen des Babys in einer geeigneten Tragehilfe oder im Tragetuch. Auch hierbei wird das Baby fest umhüllt und sicher gehalten, sodass Schreckreaktionen unwahrscheinlicher sind.
Das Tragen in einer geeigneten Tragehilfe oder in einem gut gebundenen Tragetuch bietet dabei noch weitere Vorteile: Durch die Anhock-Spreiz-Haltung, die das Baby beim Tragen einnimmt, können Blähungen besser abgehen. Durch das Tragen Bauch an Bauch wird der Verdauungstrakt des Kindes gewärmt und massiert, was auch bei Verdauungsproblemen hilfreich ist.
Wenn die Beine des Babys allerdings in der Tragehilfe oder im Tragetuch herunterhängen, das Baby im Hohlkreuz ist (durch eine falsche Bindung oder weil das Baby mit dem Gesicht nach vorn getragen wird), fallen

INFO

POSITIVE AUSWIRKUNGEN DES TRAGENS

Studienergebnisse haben gezeigt, dass getragene Babys besser ihre Körpertemperatur regulieren können und mit weniger Energie auskommen. Auch der Säure-Basen-Haushalt wird besser reguliert und die Atmung positiv beeinflusst. Die Bindung und das Stillen werden unterstützt und die Babys schreien weniger. Negative Auswirkungen sind bei korrekter Trageweise nicht bekannt.

diese positiven Aspekte weg. Sehr wichtig ist es daher, bei der Auswahl der Tragehilfe darauf zu achten, dass das Baby mit angezogenen Beinen und mit rundem Rücken darin Platz findet und sicher gehalten wird, inklusive gestütztem Kopf in den ersten Monaten. Eine Trageberatung (▸ siehe Adressen auf Seite 124) kann eine lohnende Unterstützung für den Anfang sein.

Geeignete Modelle

Da Eltern von häufig weinenden Babys stark beansprucht und gestresst sind, empfehlen wir für diese Zeit eher eine Babytrage als ein Tuch, da sich diese schneller anlegen lässt. Wichtig ist außerdem, dass das Baby nicht mit dem Gesicht nach vorn getragen wird, damit es nicht durch noch mehr Reize weiter überfordert wird.
Eltern, für die das Tragen zunächst umständlich erscheint und für die Tragehilfen eine ganz neue Idee sind, können eine Trageberatung in Anspruch nehmen: Eine ausgebildete Trageberaterin kommt direkt nach Hause und erklärt unterschiedliche Tragemöglichkeiten und verschiedene Modelle und übt zusammen mit Ihnen, das Baby in die Trage zu setzen und eine bequeme Trageposition für alle herauszufinden.

Wiegen

Wird das Baby in einem Tuch oder in einer Trage getragen, wiegen wir es mit jedem Schritt. Diese Erfahrungen lassen das Gefühl des Gewiegtwerdens aus der Gebärmutter zurückkommen.
Das Wiegen des Babys an unserem Körper ist ein tief in uns verwurzeltes Verhalten in Bezug auf das Schreien eines Babys. Auch unabhängig vom Schreien bewegen wir uns viel, sobald wir ein Baby auf dem Arm haben. In vielen Kulturen sind Babys jeden Tag sehr viel in Bewegung und werden am Körper von Eltern, Freunden und Verwandten oder von Nutztieren getragen. In Gesell-

TIPP

ELEFANTENSCHRITTE
Eine besondere Tragevariante für schreiende Babys sind die »Elefantenschritte« nach Diplom-Psychologe und Schreibabyambulanz-Krisenbegleiter Gerd Poerschke: Das Baby wird mit Blickkontakt im Arm gehalten. Der Erwachsene läuft mit dem Baby und macht dabei große, langsame Schritte, bei denen der ganze Fuß abgerollt wird. Bei jedem Schritt wird leicht in die Knie gegangen. Dabei daran denken: »Ich komme zur Ruhe, ich bin in meiner Mitte.« Der gleichbleibende Rhythmus und die Art und Weise der Bewegung wirken sich beruhigend auf das Baby aus.

schaften, in denen Babys wenig schreien, ist auffällig, dass Kinder dort besonders körpernah leben und viel getragen werden.
Wird das Baby nicht gerade im Tragetuch getragen, ist auch das Wiegen auf dem Arm eine sinnvolle und meist gut wirksame Beruhigungsstrategie.
Ist das Baby gepuckt, kann es im Arm liegen und dabei gewiegt werden. Manche Babys mögen es auch, dabei rhythmisch sanft auf den Po geklopft zu werden – das fühlt sich an wie ein Herzschlag. Aber auch für Eltern kann das rhythmische Bewegen wohltuend und beruhigend wirken.
Wiegenlieder können dabei helfen, den richtigen, gleichbleibenden Rhythmus zu finden und beizubehalten. Ihr Tempo entspricht normalerweise dem menschlichen Herzschlag (▸ **siehe Buchtipps auf Seite 122**).
Doch obgleich es am schönsten und effektivsten ist, das Baby am Körper zu tragen und zu wiegen, sind Sie als Elternteil eines viel schreienden Babys wahrscheinlich oft sehr erschöpft vom Dauereinsatz. Eine gute Alternative für zwischendurch ist eine Babyhängematte oder Federwiege, die das Baby sanft schaukelt.

TIPP

STABILE KÖRPERMITTE

Wenn Sie Ihr Baby tragen und wiegen, achten Sie darauf, dass Sie selbst stabil stehen. Mit geradem Rücken hat der Beckenboden eine bessere Grundspannung. Stellen Sie die Füße auf festen Untergrund und belasten Sie sie gleichmäßig. Lassen Sie die Schultern nach hinten unten fallen und richten Sie die Halswirbelsäule und den Kopf auf. Atmen Sie tief durch und lächeln Sie sich selbst zu.

Wohlige Wärme

Sowohl Hitze als auch Kälte können das Baby weinen lassen. Deshalb ist es wichtig, auf eine angenehme Temperatur zu achten. Die Schlafraumtemperatur sollte zwar bei 18 °C liegen, aber das Baby darf nicht frieren und sollte wohlig warm gekleidet sein. Auch Schwitzen sollte vermieden werden. Atmungsaktive, natürliche Kleidung ist deswegen sinnvoll. Besonders Hände und Füße des Babys sollten gewärmt werden, beispielsweise mit Pulswärmern, denn die Regulation der Körpertemperatur ist noch schwer und gerade die Extremitäten werden leicht kalt. Wenn das Baby Bauchschmerzen hat, ist zusätzlich wohlige Wärme durch ein warmes Kirschkernkissen sinnvoll.
Bei der Auswahl der Kleidung sollte im Übrigen immer auch darauf geachtet werden, dass diese neue umgebende Hülle nicht drückt, beispielsweise durch Knöpfe, auf denen das Baby liegt.

Nahrung nach Bedarf und Saugbedürfnis

Aus dem Mutterleib ist es das Baby gewohnt, dass es jederzeit mit Nahrung über die Nabelschnur versorgt wird. Nun, nach der Geburt, verändert sich die Verdauung, was für einige Kinder anstrengend ist. Nahrung nach Bedarf – ob Muttermilch oder Prenahrung – ist daher die geeignete Ernährung des Babys.

Individuelle Zeitabstände

Heute ist bekannt, dass es keine Zeitfenster gibt, die zwischen den Still- oder Fütterzeiten eingehalten werden müssen. Vielmehr gibt es Phasen, in denen Babys sehr viel und stündlich (oder noch häufiger) genährt werden wollen (Clusterfeeding).

Der gastrokolische Reflex

Einige Babys reagieren beim Stillen in den ersten Wochen allerdings für Eltern irritierend: Nach einer kurzen Zeit des Trinkens beginnen sie zu schreien und sich zu krümmen. Diese Babys reagieren besonders empfindsam auf den gastrokolischen Reflex, der dem Darm das Signal der Entleerung gibt. Hier hilft es, das Baby aufzunehmen, es aufstoßen zu lassen und es zu beruhigen, bis es wieder trinken kann.
Eine gute Möglichkeit ist auch, das Baby abzuhalten und es mit angehockten Beinen ausscheiden zu lassen. Hierzu wird das Baby der Windel entledigt. Mit dem Rücken an die Bezugsperson angelehnt und an den Oberschenkeln gehalten, wird das Baby über die Toilette oder über eine Schüssel gehalten, in die es sich erleichtern kann.
Auch für Babys, die in der zweiten Nachthälfte besonders unruhig werden und durch das Stillen nicht langfristig zu beruhigen sind, kann das Abhalten über eine Schüssel am Bett eine gute Unterstützung sein, um das drängende Ausscheidungsbedürfnis loszulassen.

INFO

WINDELFREI

In vielen Kulturen wachsen Babys ohne Windeln auf, da sie von sich aus Signale geben, wann sie ausscheiden müssen. Die Eltern reagieren auf diese Signale, indem sie das Baby abhalten, sodass es sich mit angehockten Beinen erleichtern kann. Babys, die starke Probleme mit dem gastrokolischen Reflex haben, können durch diese Praktik unterstützt werden.
Sie können sich im Internet oder durch geeignete Literatur (wie das Buch »artgerecht« von Nicola Schmidt, ▸ **siehe Seite 122**) über dieses bei uns fast in Vergessenheit geratene Babypflegeritual informieren.

Manchmal hilft es, das Baby zur Beruhigung an Ihrem Finger nuckeln zu lassen.

Beruhigendes Saugen

Babys beruhigen sich über das Saugen. Manchmal verwechseln Eltern das Saugbedürfnis des Babys mit Hunger und sind irritiert, wenn das Baby an die Brust gelegt wird, dort aber weint und nicht trinken möchte. Es sucht nach einer Regulationsmöglichkeit, um sich zu beruhigen, beispielsweise aufgrund von Schmerzen oder Überreizung. Babys lernen im Laufe der Zeit, auch an der Brust zu nuckeln, ohne dass Milch fließt. Ist anfangs der Milchspendereflex jedoch noch stark ausgeprägt, kann dies das Kind verunsichern. Dem Baby kann zum Nuckeln der kleine Finger gereicht werden, damit es sich beruhigen kann. Auch ein Schnuller ist manchmal eine sinnvolle Alternative.

Das Baby nach Bedarf zu ernähren und es nuckeln zu lassen hilft vor allem bei:

- Gebärmutterheimweh,
- Schmerzen,
- traumatischem Geburtserlebnis,
- Frühgeburt,
- Hochsensibilität,
- Regulationsstörungen.

INFO

BERUHIGUNGSSAUGER

Der Beruhigungssauger muss nicht verteufelt werden und kann anfangs gerade bei viel weinenden Babys eine Erleichterung sein. Er wird erfolgreich bei Babys eingesetzt, die zu früh auf die Welt gekommen sind, denn er hilft ihnen, das Saugen schneller zu lernen, damit sie nicht mehr mit einer Sonde ernährt werden müssen, und unterstützt die Verdauung der Milch, sodass sie besser verwertet werden kann. Auch bei Babys von Müttern mit sehr starker Milchbildung kann ein Nuckel manchmal eine Hilfe sein, wenn das Kind Schwierigkeiten mit der Regulation hat.

Babyschlaf

Genauso wie wir alle haben auch Säuglinge das Bedürfnis nach Schlaf. Sie *wollen* schlafen, sie *brauchen* den Schlaf. Ihre Schlafphasen müssen sich nur nach und nach den unseren anpassen. Hierzu brauchen sie allerdings etwas Zeit.

In den ersten beiden Lebenswochen ist der Schlaf eine Anpassungsreaktion des Babys auf die Geburt: Es schläft, um eine Überreizung zu vermeiden, und braucht den Schlaf (auch später), um Reize zu verarbeiten. Deswegen ist es wichtig, dass wir dem Baby die Möglichkeit des Schlafens einräumen und es dann, wenn es in den Schlaf gefunden hat, möglichst nicht aufwecken.

Bitte nicht stören

Dies ist manchmal schwierig, wenn das Baby in eine Familie geboren wird, in der es schon Kinder gibt und Alltagsrituale es erfordern, dass das Baby beispielsweise geweckt und angekleidet wird, weil ein Kind zur Kita oder Schule muss. Werden Neugeborene häufig aus dem Schlaf gerissen, kann dies zur Überforderung führen, die sich durch Weinen und Schreien ausdrückt.

Auch bei Familien ohne Geschwisterkinder ist darauf zu achten, dass das Baby beispielsweise nicht extra für den Wochenbettbesuch geweckt wird. Und selbst ohne Besuch und Geschwisterkinder fällt es manchen Eltern gerade am Anfang schwer, den Babyschlaf nicht zu unterbrechen: Dann nämlich, wenn sich das Baby im REM-Schlaf befindet und es im Schlaf zuckt, wenn seine Augen rollen und es vielleicht auch leise, fiepsende Töne von sich gibt. Manche Eltern sind dann besorgt und wollen ihr Kind beruhigen, worauf das Baby – insbesondere das sehr empfindsame – oft wirklich aufwacht und weint. Hier ist es besser, wenn Eltern das Baby nicht aus dem Schlaf reißen, sondern erst einmal abwarten, ob es vielleicht weiterschläft. Oft reicht es auch aus, dem Baby etwas Körperkontakt zur Beruhigung zu geben, indem man beispielsweise eine Hand auf seine Brust legt.

Die Anzeichen für Müdigkeit beachten

Der erholsame Schlaf des Babys hat oberste Priorität – übrigens zusammen mit dem Schlaf der Eltern, die möglichst dann schla-

INFO

SCHLAFPHASEN

Wir unterscheiden zwischen Tiefschlaf und REM-Schlaf (REM = Rapid Eye Movement). Im Tiefschlaf schläft das Baby ruhig und tief mit regelmäßigen Atemzügen. Im REM-Schlaf träumt das Baby und verarbeitet dabei Erlebtes.

Die Schlafumgebung sollte reizarm gestaltet sein, damit das Kind zur Ruhe kommen kann.

fen oder ausruhen sollten, wenn das Baby auch schläft. Sinnvoll ist das gemeinsame Schlafen zudem, weil es wieder das Bedürfnis des Babys nach Nähe erfüllt und es durch die Anwesenheit der Bezugsperson sicherer schlafen kann.

Babys, die viel schreien, schlafen oft zu wenig und haben Schwierigkeiten, in den Schlaf zu finden.

Manchmal werden die Anzeichen des Babys, dass es nun schlafen möchte, übersehen: Wendet sich das Baby bei einer Aktivität ab, ist dies oft ein Zeichen, dass es eine Pause benötigt und schlafen möchte. Es ist wichtig, dem Baby diesen Rückzugsraum zu geben, damit es sich nach einem aufregenden Spiel wieder beruhigen kann. Das Abwenden des Babys ist eine ganz normale Reaktion und kein Zeichen der Ablehnung.

Ein anderes Zeichen dafür, dass das Baby kurz vor dem Einschlafen ist, kann ein starrer Blick sein. Starrt ein Baby, das Schwierigkeiten mit der Selbstregulation hat, fortwährend auf einen Punkt, ist es sinnvoll, es in den Schlaf zu begleiten und ihm durch Nähe und Reizminderung beim Einschlafen zu helfen.

In der unmittelbaren Schlafumgebung, die wirklich dem Ausruhen vorbehalten sein sollte, sollten auch keine anregenden Spiel- oder Gestaltungselemente eingebunden sein. So schön ein Mobile für ein größeres Kind auch ist, es kann ein Baby doch unnötig vom Einschlafen ablenken und seine Aufmerksamkeit zu sehr fesseln.

Auf das Schlafbedürfnis des Babys einzugehen und es im Schlaf nicht zu stören ist besonders wichtig bei:

- Gebärmutterheimweh,
- Schmerzen,
- traumatischem Geburtserlebnis,
- Frühgeburt,
- Hochsensibilität,
- Regulationsstörungen.

Beruhigungslaute

So wie das Aufnehmen, Tragen und Wiegen des Babys sind auch Zischlaute eine typische

Verhaltensweise, die wir als Eltern nutzen, wenn wir unser weinendes Baby beruhigen möchten.
»Sch-sch-sch« sagen wir, um kleine und größere Kinder zu beruhigen. Babys lieben rauschende Geräusche, weil sie sie an die akustische Umgebung im Mutterleib erinnern: das Strömen des Blutes durch die Blutgefäße. Ist das Baby erschöpft und müde, können wir es zusätzlich zum umhüllten Tragen daher auch mit unseren Beruhigungslauten unterstützen. Dabei gilt: Je lauter das Baby weint und schreit, desto lauter müssen auch die Beruhigungslaute sein, damit sie das Baby erreichen können.
Beruhigungslaute sind hilfreich bei:

- Gebärmutterheimweh,
- Schmerzen,
- traumatischem Geburtserlebnis,
- Frühgeburt,
- Hochsensibilität (bedingt),
- Regulationsstörungen.

INFO

TECHNIK FÜR BERUHIGUNGSLAUTE
Es ist bekannt, dass Zischlaute beruhigend für das Baby sind. Natürlich können wir nicht rund um die Uhr zischen. Oft wird empfohlen, den Föhn anzustellen, um das Geräusch nachzuahmen. Es gibt für Babys auch spezielle CDs mit weißem Rauschen. Lassen Sie sich aber nicht von diesen Angeboten verlocken: Babys brauchen keine künstlichen Zischlaute, sondern echte Beruhigung durch menschliche Zuwendung. CDs und andere Medien sollten Sie daher nur in Ausnahmefällen und bei großer Erschöpfung nutzen.

> »Schreibabys verführen ihre Eltern, ganz viel zu machen, und geraten dadurch in noch größere Unruhe.«
>
> MAURI FRIES

Reizminderung

Wie wir gesehen haben, sind gewisse Reize für das Baby gut und wichtig, da sie Erinnerungen an die Gebärmutterzeit wecken und das Kind somit beruhigen können: etwa bestimmte Geräusche, enges Eingehülltsein oder Wiegebewegungen.
Darüber hinaus gibt es jedoch Reize, die das Baby überfordern. Das gilt vor allem für ein

Baby, das sehr empfindsam reagiert und sehr sensibel ist und dessen Sinne eine niedrige Erregungsschwelle haben.
Nicht nur in Bezug auf das Einschlafen ist es für solche Kinder wichtig, möglichst wenige Reize in der Schlafumgebung anzubieten. Auch tagsüber sollte das Kind behutsam an diese Welt mit ihren vielen Reizen herangeführt werden. Zu starke Reize sollten dabei vermieden werden.
Besonders bestimmte akustische Reize können sehr anstrengend sein, da das Baby ihnen nicht entkommen kann: Verfügt es bei visuellen Reizen zumindest über die Fähigkeit, den Kopf abzuwenden oder die Augen zu schließen, ist dies bei akustischen Reizen nicht möglich, da wir Menschen keine »Ohrenlider« haben.

Wohldosierte Spielangebote

Reizminimierung ist auch bei den Beruhigungsversuchen von sehr sensiblen Kindern wichtig. Gerade bei ihnen müssen Sie darauf achten, dass Sie nicht zu viele Aktionen unternehmen (zum Beispiel häufiger Wechsel von Hochnehmen, Wiegen, Wickeln, Stillen, Geräuschen).
Während der Spielphasen mit einem sehr sensiblen Kind ist darauf zu achten, im Spiel nicht zu viele Sinne anzusprechen. Es kann sein, dass Berührung plus Gesang plus Anregung einfach zu viel sind und das Baby mit Irritation auf ein solches Spielangebot reagiert. Hier hilft vor allem Beobachtung, um zu erkennen, ob das Baby stabiler ist, wenn weniger Sinne angesprochen werden.
Reizminderung ist angeraten bei:

- Hochsensibilität,
- Regulationsstörungen.

> »Jedes Kind muss dieselben Phasen durchleben, die von einer geschlossenen in eine offene Welt führen.«
>
> FRÉDÉRICK LEBOYER

Massage

In Hinblick auf Reizminimierung ist daher Babymassage auch nicht für alle Babys, die viel weinen, ein gutes Angebot. Für einige Kinder kann die Massage anfangs noch zu anstrengend sein und es bietet sich an, Massageeinheiten erst ab dem vierten Lebensmonat einzubinden, dann angeleitet von einer Babymassagekursleiterin oder einer fortgebildeten Hebamme.
Für Babys, die unter Blähungen und Bauchschmerzen leiden, hat die Babymassage nachweislich positive Effekte. Hier ist es besonders sinnvoll, eine regelmäßige Bauchmassage mit warmen Händen im Uhrzeiger-

sinn (entlang des Darmverlaufs, um Gase und Stuhl abzutransporieren) anzubieten. Auf diese Weise kann dem Baby ein wenig Entlastung verschafft werden.
Spezielle Bauchmassageöle können aufgrund ihrer ätherischen Öle die Wirkung noch unterstützen.
In einer akuten Schreisituation sollte das Baby allerdings nicht massiert werden, sondern eher in einem ruhig-aufmerksamen Zustand, in dem es die Massage und die Zweisamkeit auch genießen kann.
Eine ebenfalls gute Unterstützung bei Bauchschmerzen ist die Froschposition: Winkeln Sie die Beine Ihres Kindes an und halten Sie diese an den Füßchen zusammen. Schuckeln Sie so Ihr Baby sanft hin und her.

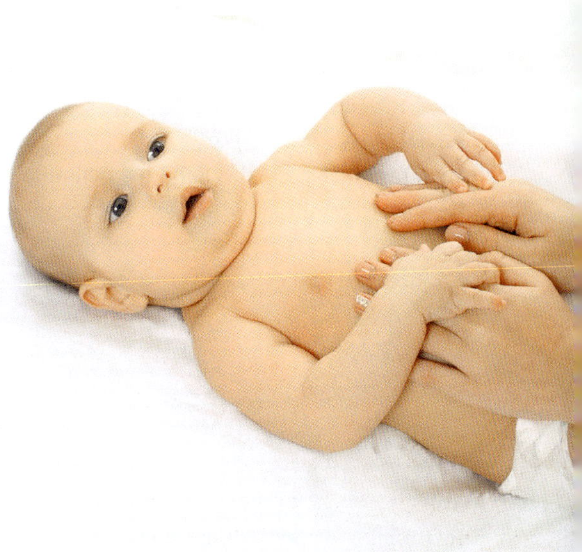

Mit einer sanften Massage schenken Sie Ihrem Kind liebevolle Zuwendung.

INFO

KAISERSCHNITTMASSAGE

Die Diplom-Sozialpädagogin und Körperpsychotherapeutin Paula Diedrichs empfiehlt bei häufig schreienden Babys, die mit Kaiserschnitt geboren wurden, eine Massage, die mit vermehrtem Druck ausgeübt wird. Hierdurch soll den Kindern der körperliche Eindruck vermittelt werden, der bei der Geburt fehlte. Diese Massage wird betroffenen Eltern auch in Schreibabyambulanzen gezeigt.

Massagetechnik nach Eva Reich

Die Schmetterlingsmassage nach Eva Reich ist eine sehr sanfte Babymassagetechnik speziell für Babys, die viel weinen. Sie hat das Ziel, das Baby zu harmonisieren und die Bindung zwischen Eltern und Kind zu intensivieren.
Mit sanften Streicheleinheiten wird das Kind dabei an den Stellen berührt, die es mag. Dort werden rhythmisch mit dreimaliger Wiederholung Streichbewegungen ausgeführt, die auch über der Kleidung möglich sind. Die Massage erfolgt nur so lange, wie

das Baby Freude daran hat. Die so gewonnenen schönen Momente der Zweisamkeit können deswegen harmonische Erinnerungen schaffen und über die schweren Phasen hinwegtrösten.
Babymassagen sind hilfreich bei:

- Bauchschmerzen, Koliken und Blähungen,
- Gebärmutterheimweh,
- traumatischem Geburtserlebnis,
- Frühgeburt,
- Hochsensibilität (hier nur bedingt zu empfehlen!).

Ein schreiendes Baby niemals schütteln!

Wenn Babys nicht zu weinen und schreien aufhören, ist das eine enorm schwere Situation für die Eltern, die in großen Stress geraten. Je länger das Schreien andauert und je weniger Kraft Eltern noch haben, desto schwieriger wird die Situation.
Wenn Sie merken, dass Sie keine Kraft mehr haben, wenn das Schreien zu sehr Ihre Nerven beansprucht und Sie in Ihrer Verzweiflung nicht mehr wissen, was Sie tun sollen, legen Sie das Baby (auch wenn es schreit) ruhig und sicher in seinem Bettchen ab. Rufen Sie umgehend eine Vertrauensperson an oder gehen Sie kurz zu einer Nachbarin, um sie als Hilfe dazuzuholen. Als Alternative dazu können Sie auch in einer Schreiambulanz anrufen.
Gehen Sie auf jeden Fall aus der Situation heraus und holen Sie Hilfe. Sie brauchen sich hierfür nicht zu schämen, denn ein lange Zeit schreiendes Baby ist eine Extremsituation. Sie könnten in Versuchung geraten, Ihr Baby zu schütteln. Das darf unter keinen Umständen passieren!

WICHTIG

SCHÜTTELN KANN DAS BABY IN LEBENSGEFAHR BRINGEN

Es ist wichtig, auf jeden Fall das Schütteln des Babys zu vermeiden. Ein Schütteltrauma ist eine häufige Todesursache bei Säuglingen. Wird das Baby geschüttelt, dessen Nacken- und Schultermuskulatur noch nicht so ausgebildet ist, dass es den Kopf stabil halten kann, wird das Gehirn im Inneren des Kopfes ebenfalls geschüttelt. Hierdurch reißen Blutgefäße, das Gehirn kann nicht mehr ausreichend versorgt werden. Je nach Schwere kann es zu einer Gehirnerschütterung kommen oder das Kind verstirbt an einer Hirnblutung oder an der Zerstörung der für die Atmung zuständigen Nervenbahnen.

BABYBERUHIGUNG IN DEN ERSTEN MONATEN

Es ist wichtig, das Baby nicht durch zu viele Reize zu verunsichern und weiter zu reizen. Es sollte daher vermieden werden, das Baby durch zu viele, schnell aufeinanderfolgende Angebote aufzuregen.

Häufig wechseln Eltern schnell mit verschiedenen Angeboten, da sie das Gefühl haben, das schreiende Baby würde nicht auf das Angebot ansprechen. Doch Babys brauchen Zeit und ihr Reaktionsvermögen ist nicht mit unserem zu vergleichen. Es dauert eine Weile, bis die Informationen vom Gehirn verarbeitet werden und das Baby dann darauf reagieren kann. Deswegen gilt: Dem Baby Zeit lassen und Angebote nicht zu schnell wechseln!

Vor einer Handlung sollten Sie sich immer fragen: Welche Gebärmutterbedürfnisse, die momentan nicht erfüllt sind, kann ich jetzt herbeiführen?

SECHS-PUNKTE-LISTE FÜR SCHREISITUATIONEN

- Atmen Sie tief durch bis in den Bauch hinein. Sie können die Hände dazu auf den Bauch legen, um zu spüren, wie er sich hebt. Durch die Bauchatmung können Sie sich beruhigen und zentrieren.
- Im Anschluss daran wird das Baby durch ein Pucktuch oder einen Pucksack umhüllt oder in das Tragetuch oder die Babytrage genommen.
- Gepuckt kann das Baby nun auf dem Arm getragen werden oder es wird von der Babytrage beziehungsweise dem Tragetuch umhüllt. Laufen Sie rhythmisch auf und ab, zum Beispiel mit »Elefantenschritten« (▸ **siehe Seite 99**).
- Unterstützen Sie die Beruhigung durch weißes Rauschen (Zischlaute). Wichtig ist, dass das Geräusch in einer Lautstärke angeboten wird, die zum laut weinenden Baby vordringen kann. Besonders praktisch sind die Sch-sch-sch-Laute der Bezugsperson (▸ **siehe Seite 104 f.**).
- Wenn das Baby die Brust oder einen Beruhigungssauger in den Mund nehmen möchte, ist das eine weitere Hilfe. Wichtig ist allerdings, dass diese Angebote nicht aufgezwungen werden.
- Wenn Sie merken, dass die Situation zu anstrengend ist und Sie sich überfordert fühlen, legen Sie das Baby ruhig ab und ziehen Sie eine andere Person zur Unterstützung hinzu.

BABYS VON DREI BIS SECHS MONATEN

Die meisten Babys hören mit etwa drei Monaten auf, übermäßig viel zu schreien. Dies ist der Zeitpunkt, an dem sie »ausgereift« sind im Sinne der physiologischen Frügeburtlichkeit (▸ **siehe Seite 19 ff.**). Betrachten wir das Baby nun, sehen wir, wie sehr es sich verändert hat: Es ist größer, weicher, »entknittert«. Es kann nun entspannt auf dem Rücken liegen, denn der Körperschwerpunkt hat sich verlagert und es bewegt die Gliedmaßen nicht mehr so fahrig. Es schaut die Bindungspersonen an und kann nun weiter blicken und mehr im Raum erkennen. Ihr kleines Baby ist gewachsen und hat sich entwickelt. Viele Babys reagieren nun nicht mehr so stark auf die Außenreize und haben – mithilfe ihrer Eltern – gelernt, sich besser selbst zu beruhigen. Sie sind angekommen im Leben außerhalb der Gebärmutter und nun neugierig und bereit, die

Umgebung näher kennenzulernen und Erfahrungen darin zu machen.

Hilfen für das zweite Zeitfenster

Einige Babys jedoch sind auch weiterhin leichter zu irritieren, reagieren stärker auf Reize und weinen und schreien mehr. Dies kommt häufiger vor bei Babys, die zu früh geboren wurden und deren »erste drei Monate« deswegen erst ab dem errechneten Geburtstermin (plus/minus zwei Wochen) beginnen, sowie bei Kindern, die ein besonders sensibles Temperament haben. Für frühgeborene Babys gelten weiterhin die bereits genannten Empfehlungen in Bezug auf die Nachahmung der Gebärmuttersituation (▸ **siehe Seite 95 ff.**). Viele der genannten Tipps sind generell Hilfsmittel, die Sie in der gesamten Babyzeit anwenden können, wenn das Baby unruhig ist. Nur das Pucken wird mit der Mobilität des Babys schwieriger und ist nicht mehr empfehlenswert, sobald das Kind den Erkundungsdrang zeigt und sich selbst auf die Seite dreht.

Wahrscheinlich gibt es auch einige Rituale, die sich langfristig in Ihren Alltag einbringen lassen. Die Babymassage, die später zur Kindermassage wird, ist ein solches Beispiel, oder auch Wiegenlieder, die noch jahrelang gesungen werden.

Wenn sich das starke Schreien nach den ersten drei Monaten beruhigt hat, kann es im zweiten Drei-Monats-Zeitfenster dennoch auch Situationen geben, die Babys zum Weinen und Schreien bringen. Bei manchen Eltern sitzt die Sorge vor neuen Schreiphasen sehr tief, sie haben Angst davor, dass das Baby wieder stärker weinen könnte. Hier ist es wichtig, die eigenen Beruhigungsstrategien noch einmal in den Blick zu nehmen (▸ **siehe Seite 80 ff.**).

Prinzipiell aber reift nun die Selbstregulation des Babys heran und es lernt zunehmend, nicht sofort schrill zu schreien, sondern nur ein wenig zu quengeln und auf eine Reaktion der Bezugspersonen zu warten – vielleicht sogar selbst eine Lösung für sich zu finden.

Körperkontakt und Hüllen

Körperkontakt ist während des gesamten ersten Jahres und darüber hinaus nicht nur wichtig, sondern lebensnotwendig für das Baby. Auch nach den ersten drei Monaten ist der Körperkontakt für unsere Kinder die wichtigste Beruhigungsstrategie und erst wenn die Kinder um den zweiten Geburtstag in die sogenannte »Trotzphase« kommen, gibt es Situationen, in denen wir sie nicht mehr so gut durch körperliche Nähe beruhigen können. Bis zu diesem Zeitpunkt aber ist es bei allen Kindern, besonders bei jenen, die viel weinen und schreien, wichtig, sie auf den Arm zu nehmen und am eigenen Körper zur Ruhe zu bringen.

Tragen

Während Pucken als Beruhigungsstrategie nun nicht mehr gut geeignet ist, lässt sich das Baby weiterhin gut im Tragetuch oder in der Trage beruhigen. Sind die Phasen des starken Schreiens weniger geworden, kann auch das Tragen auf dem Rücken ausprobiert werden, das ebenfalls beruhigend wirkt und die Wiegebewegungen und Hülle der Gebärmutterzeit nachbildet, gleichzeitig dem Tragenden aber auch noch mehr Raum für Aktivitäten im Alltag und Haushalt bietet. Das Baby kann gemütlich dabei sein, wenn Sie staubsaugen, kochen oder aufräumen. Es gibt auch spezielle Angebote der Rückbildung, um mit dem Baby in der Trage Sport treiben zu können und dem Körper so Zuwendung zukommen zu lassen.
Wichtig bei einem empfindsamen Baby ist jedoch, dass ihm ein solcher Kurs nicht zu reizintensiv ist. Gegebenenfalls kann eine Anleitung in Form eines Videokurses zunächst besser sein.

Bequeme Babylagerung

Das Baby hat den Körperschwerpunkt verändert und kann nun wesentlich entspannter auf dem Rücken liegen. Für einige Babys ist es dennoch weiterhin unangenehm, ohne Grenzen auf einer Unterlage zu liegen, sie werden davon unruhig. Hier ist die genannte Babylagerung über Handtuchstufen weiterhin ein gutes Angebot, um es dem Baby bequem zu machen (▸ **siehe Seite 97 f.**).
Ist das Baby nun ruhiger, kommen Eltern manchmal in Versuchung, es in einer Babywippe abzulegen, die ja auch sanft wiegt und Erleichterung im Alltag verspricht. Gerade für Babys, die viel weinen oder anfangs stärker weinten, sind diese Angebote jedoch eher nicht geeignet. Können die Beine nicht

TIPP

OB MIT ODER OHNE WINDEL

Für sehr sensible Kinder kann das Windelfrei-Konzept eine sinnvolle Unterstützung im Alltag sein, etwa wenn sie Schmerzen haben, wenn der Darm beim Stillen stimuliert wird oder auch dann, wenn sie die Feuchte einer Windel als störend empfinden.
Unabhängig davon ist es aber besonders für sehr empfindsame Babys sinnvoll, Handlungen bei der Körperpflege oder ganz allgemein immer vorher anzukündigen und sprachlich zu begleiten: »Jetzt wechseln wir dir gleich die Windel, ich ziehe dir zuerst den Body aus …« So lernt das Baby durch das sich ausweitende Sprachverständnis und immer gleiche Abfolgen, sich auf kommende Situationen einzustellen.

gut darin abgelegt werden und hängen herunter, ist dies wieder eine große Anstrengung für die Muskulatur und kann besonders sensible Babys überreizen. Auch die Möglichkeit, sich von Reizen abzuwenden, ist eingeschränkt. Es ist besser, statt einer Babywippe eine bequeme Decke zu nutzen, auf der das Baby in Bauch- oder Rückenlage liegen kann.

Nahrung nach Bedarf und Saugbedürfnis

Babys sollten nach Bedarf gestillt beziehungsweise mit Premilch gefüttert werden. Mit etwa drei Monaten kommt es aber oft zu einer Veränderung in Bezug auf die Nahrungsaufnahme: Da sich das Sehen verbessert hat und das Baby weiter sehen kann als bisher, ist es auch leichter ablenkbar. Viele Babys zeigen dies im Verhalten bei der Nahrungsaufnahme, indem sie das Trinken immer wieder unterbrechen und sich anderen Reizen zuwenden. Einige werden dabei auch ungehalten und weinen, da sie ja dennoch hungrig sind.

Gerade Babys, die sehr empfindsam sind und mit Unruhe auf starke Reize reagieren, sollten deswegen Fütter- und Stillsituationen in Ruhe genießen. Manchmal hilft es, ein Tuch über das Baby zu legen, um es vom Geschehen ein wenig abzuschirmen. Ist dies nicht möglich oder zieht das Baby das Tuch immer beiseite, sollten möglichst reizarme Situationen zum Stillen oder Füttern genutzt werden. Mit der Zeit wird die Ablenkbarkeit wieder nachlassen und das Kind trinkt kurz und gezielt an der Brust.

Lassen Sie sich aufgrund dieser Ablenkbarkeit nicht dazu verleiten zu denken, dass das Baby bereits mit vier Monaten den ersten Brei brauchen würde. Gerade Babys, die anfangs sehr sensibel auf Reize reagiert haben und vielleicht auch unter Verdauungsproblemen litten, sollten weiter gestillt oder mit Premilch versorgt werden. Während des gesamten ersten Halbjahres ist Muttermilch beziehungsweise Premilch die geeignete Ernährungsform des Babys und Beikost sollte erst im zweiten Lebenshalbjahr langsam eingeführt werden. Flaschengefütterte Babys sind in dieser Zeit ebenso ablenkbar durch Reize wie Stillbabys. Auch hier sollten sich Eltern nicht dazu verleiten lassen, beispielsweise das Saugerloch zu vergrößern, damit das Baby in kürzerer Zeit mehr Nahrung zu sich nehmen kann.

Weint das Baby nun weniger und verbringt mehr Zeit in einem aktiven Wachzustand, in dem es spielt, kann auch der Beruhigungssauger während des Spiels weggelassen werden. Wie wir gesehen haben, kann er ein wichtiges und hilfreiches Mittel der Beruhigung und Regulation sein. In Spiel- und Kommunikationssituationen sollte er jedoch weggelassen werden, damit er nicht in Dauereinsatz kommt und später das Abgewöhnen erschwert.

Babyschlaf

Genauso wie sich das Baby nun durch Außenreize oft beim Stillen ablenken lässt, ist es manchmal auch zu abgelenkt, um in den Schlaf zu finden.
Besonders sehr sensible Babys haben durch das bessere Sehen manchmal Schwierigkeiten, abzuschalten und den Übergang in den Schlaf zu finden. Dadurch kann es bei Müdigkeit zu starkem Weinen kommen, weil das Baby überfordert ist.
Babys, die sich zu sehr ablenken lassen, brauchen nun für den Schlaf mehr Ruhe und einen Schutz vor Reizen. Eine Schlafumgebung mit wenigen optischen Reizen ist für sie wichtig. Das Mobile über dem Bett ist deswegen nicht gerade eine sinnvolle Anschaffung. Begleiten Sie auch weiterhin das Baby in den Schlaf und erleichtern Sie ihm so den Übergang zwischen Wachsein und Erholungsschlaf. Haben Sie keine Bedenken vor dem Einschlafstillen. Solange es für das Baby eine gute Möglichkeit ist, in den Schlaf zu finden, gibt es keinen Grund, es zu beenden.

Babyspiele

Ist das Baby nun wirklich im Familienleben angekommen, beginnt allmählich auch die Zeit des intensiveren Spiels. Gerade für Eltern von Babys, die anfangs viel geschrien haben, ist das Spiel mit dem Baby eine ganz wichtige Zeit, um positive gemeinsame Momente zu schaffen und auch Zeiten nachzuholen, in denen das Spiel fehlte. Für empfindsame Babys ist es wichtig, auf die Auswahl des Spielangebotes zu achten und auch Spielzeug in den Blick zu nehmen. Im ersten Halbjahr sind die Bezugspersonen das wertvollste »Spielzeug« des Kindes: Spielen bedeutet, miteinander zu kommunizieren, etwas vorgesungen zu bekommen, sich anzusehen, Mimiken nachzuahmen, einander zu streicheln und zu liebkosen.

Nicht zu vielfältige Spielzeuge anbieten

Auch wenn es ein breites Angebot an Spielwaren schon für die Kleinsten gibt, sind solche Spielsachen oft nicht notwendig. Hier gilt erneut: Weniger ist mehr.
Ein Spielbogen, der für Kinder dieses Alters oft empfohlen wird, verleitet das Baby, auf die vielen bunten Anreize über sich zu schauen. Babys, die noch Schwierigkeiten mit der Regulation haben, sehen sich regelrecht fest an den bunten Farben und Formen und wenden den Blick davon nicht ab – bis sie schließlich zu viel haben und weinen. Auch anderes Spielzeug kann das Kind überfordern, wenn zu viele Sinne gleichzeitig angesprochen werden, wie das Fühlen, Hören und Sehen bei bunten Rasseln.
Führen Sie das Baby daher ganz sanft an neues Spielzeug und neue Spielmaterialien heran und bieten Sie möglichst einfache

Spielsachen an: ein Kuscheltuch oder Seidenpüppchen, an dem genuckelt werden kann, oder ein einfacher Beißring aus Naturkautschuk.

Vor Überforderung schützen

Das Baby baut nun im Spiel seine Fähigkeiten zunehmend aus. Dies bedeutet jedoch auch, dass es an seiner Entwicklung arbeitet und sich durch Ausprobieren weiterentwickelt. Mit dem Ausprobieren geht immer auch ein gewisses Maß an Frustration einher: Neugierde ist der Motor der Entwicklung und das Baby bemüht sich nun in dieser Zeit, sich zu drehen und vielleicht schon zu robben. Das klappt nicht von Anfang an und erfordert Übung.

Manche Kinder können mit der Anstrengung und Frustration besser umgehen, andere weniger gut. Gerade Kinder, die Schwierigkeiten mit der Regulation haben, sind manchmal von der Anstrengung und dem Willen weiterzumachen überfordert. Sie quengeln, jammern und schreien schneller oder ausdauernder.

Diese Babys brauchen weiterhin gute Begleitung durch ihre Bezugspersonen. Beispielsweise sollten sie immer wieder angeregt werden, den Kopf in der Bauchlage auch einmal abzulegen und sich auszuruhen. Wenn Sie merken, dass sich das Baby gerade überanstrengt, greifen Sie frühzeitig ein, indem Sie dem Baby eine Ruhepause an Ihrem Körper anbieten.

Beschränken Sie das Angebot an Spielsachen, damit Ihr Kind nicht überfordert wird.

Kurse für Eltern und Babys

Vielleicht gibt es auch geeignete Kurs- oder Gruppenangebote, in denen Sie sich nun mit dem Baby gut aufgehoben fühlen, wenn die Phasen des Schreiens etwas weniger geworden sind.

Bei sensiblen Babys ist es allerdings wichtig, dass die Größe solcher Babygruppen überschaubar bleibt. Sonst könnte es passieren, dass das Baby überreizt wird durch Licht, Stimmengewirr und das ansteckende Weinen anderer Kinder.

BABYS VON SECHS BIS NEUN MONATEN

Das erste halbe Jahr ist vergangen und es war sicher nicht immer einfach. Hoffentlich haben Sie aber einige schöne Erinnerungen und Momente aus dieser Zeit einfangen und festhalten können.
Mittlerweile hat das Baby gelernt, den Schrei zielgerichteter einzusetzen, und wartet auf Reaktionen zu den Unmutsäußerungen. Diese Fähigkeit, das Bedürfnis schon ein wenig aufzuschieben, ist eine sehr große und wichtige Entwicklung, die sich immer weiter ausbaut im Laufe der Kindheit. Sehr sensible Babys sind dennoch weiterhin schreckhafter als andere, sie können durch problematische Situationen mehr und länger weinen und benötigen viel Beruhigung und Zuwendung.
Aus der kindlichen Entwicklung ergibt sich nun auch wieder eine neue Herausforderung, die bei Babys zum Schreien führen

kann: Die nun immer größer werdende Auseinandersetzung mit der Umgebung und den Grenzen, an die die Kinder stoßen. Die zunehmende Mobilität lässt Kinder mehr und mehr entdecken und bedingt, dass Eltern nun öfter das Wort »Nein« benutzen, das bislang noch nicht oft im Wortschatz vorkam. Das Nein der Eltern stößt allerdings auf die Neugierde und den (wichtigen) Entdeckerwunsch des Kindes und führt so zu Konflikten. Kinder mit einem starken Temperament reagieren auf die Einschränkungen manchmal schon jetzt mit großer Wut und Weinen und Schreien – allerdings nun in einer anderen Qualität als beim anfänglichen Schreien, denn nun ist klar, dass es sich um Protest handelt.
Eltern, die in den ersten Monaten ein viel schreiendes Baby hatten, können von neuen Schreiphasen immer wieder »getriggert« werden und fühlen sich dann verängstigt und verunsichert, obwohl eine gänzlich neue Situation vorliegt. Hier müssen Sie sich immer wieder klarmachen, dass es sich um eine neue und andere Situation handelt und Sie nicht in einem Schreikreislauf gefangen sind. Oft ist es auch sinnvoll, mit einer Fachperson über die Ängste zu sprechen.

Körperkontakt und Hüllen

Phasen, in denen sich das Baby weiter von den Bindungspersonen wegbewegt, gehen auch damit einher, dass das Baby auch wieder stärker zurückkommt und zwischen den Ausflügen den sicheren Hafen aufsucht, um sich neue Zuversicht und Kraft zu holen. Je nach Temperament ist das Baby deswegen in dieser Zeit manchmal wieder äußerst anhänglich und will viel getragen und auch wieder mehr umhüllt werden, um dann zu neuen Abenteuern aufzubrechen.
Viele Babys fordern diesen nahen Körperkontakt stark ein oder ziehen an den Hosenbeinen, um aufgenommen zu werden. Dass sie sich so verhalten, ist ganz normal und es ist wichtig, ihnen nun die Sicherheit zu geben, dass man als Bezugsperson immer da ist und das Baby in den sicheren Hafen zurückfinden kann.

Tragen

Das Baby ist weiterhin ein Tragling und auch wenn es nun schon robben oder krabbeln kann, möchte es viel auf den Arm und getragen werden.
In diesem Alter bietet sich das Sitzen auf der Hüfte an, gegebenenfalls in einem Ringsling (einem speziellen Tragetuch, das mit zwei Metallringen so eingestellt wird, dass das Kind damit bequem getragen werden kann). Das Kind kann auf diese Weise viel am Alltag teilhaben und auch die Arme und Hände gut einsetzen, gleichzeitig hat es einen geschützten Rahmen, in den es sich zurückziehen kann. Sehr sensible Kinder brauchen auch draußen noch die Möglichkeit, sich zu-

Mit einem Ringsling können Sie Ihr Kind vorne, seitlich oder auf dem Rücken transportieren.

Gerade Babys, die in den ersten Monaten unter Verdauungsproblemen, Blähungen oder Krämpfen litten, oder die am Anfang über eine Sonde ernährt wurden, können mit der Beikost anfangs noch Probleme haben und brauchen eine besonders sanfte Hinführung. Eltern können sich zum Thema Beikost noch einmal von ihrer Hebamme beraten lassen.
Wichtig ist auch hier wieder, das Baby zu beobachten und auf seine Signale zu achten. Manche Babys brauchen wesentlich länger als andere, um festere Nahrung anzunehmen, und trinken länger Muttermilch oder Premilch. Beikost bedeutet im gesamten ers-

rückzuziehen. Das gilt in der Trage ebenso wie im Kinderwagen, der zumindest im gesamten ersten Jahr so ausgerichtet sein sollte, dass das Baby in Richtung Bezugsperson blickt und nicht zu vielen Reizen ausgesetzt ist. Auch wenn das Baby nun größer ist und insgesamt weniger schreit, sollte eine Überreizung vermieden werden.

Nahrung nach Bedarf

Auch bei der Nahrungsaufnahme spielt die Autonomie jetzt eine wichtige Rolle: Die zum Termin geborenen Babys sind nun bereit für erste Beikostversuche und fordern diese oft selbst ein, indem sie sich greifbare Nahrungsmittel in den Mund stecken.

INFO

BABYORIENTIERTE BEIKOST

Neben der klassischen Einführung von Beikost durch Brei ist es auch möglich, Babys selbstbestimmt erste Erfahrungen mit Nahrung machen zu lassen und sich nach eigenem Tempo abzustillen. Diese Form der Beikosteinführung ist als »Baby-led Weaning« (babygesteuertes Abstillen) bekannt und hat gerade für Kinder, die auf Reize sehr sensibel reagieren und körperlich sehr empfindsam sind, große Vorteile.

ten Jahr »*Bei*-Kost« und es ist wichtig, auf die Bedürfnisse des Babys einzugehen.

Babyschlaf

Obwohl es oft anders suggeriert wird, hängt die Beikost nicht mit der Fähigkeit des Babys zum Durchschlafen zusammen. Auch nach dem ersten Halbjahr benötigen insbesondere Stillkinder nachts noch Nahrung aufgrund des sich so rasant entwickelnden Gehirns und der Verarbeitung der Erlebnisse. Wenn das Baby zum Beispiel zu krabbeln beginnt, wacht es manchmal nachts erschrocken aus Krabbelversuchen auf und muss von den Eltern beruhigt werden.
Zudem beginnt meist mit dem sechsten Monat die Zeit des Zahndurchbruchs, der sich oft negativ auf das Schlafen auswirkt. Gehört Ihr Baby zu den Kindern, die sehr schmerzempfindlich sind, kann der Zahndurchbruch mit häufigem Weinen verbunden sein, manchmal auch mit anderen Begleiterscheinungen. Leider können wir unserem Baby das Zahnen nicht ersparen, aber wir können durch Zuwendung die Schmerzen und das Unverständnis dafür mildern.

Babyspiele

Wenn sich das Baby nun fortbewegt, findet es alles interessant. Um nicht in ein ungünstiges Interaktionsmuster zu verfallen und dem Baby ständig alles zu verbieten, was wiederum mit Unverständnis und Schreien des Kindes kommentiert wird, ist es sinnvoll, die Wohnung aus der Babyperspektive zu betrachten und gefährliche Dinge aus dem Weg zu räumen beziehungsweise die Sachen zu schützen, die einem persönlich am Herzen liegen. So kann eine Umgebung geschaffen werden, in der mehr erlaubt als verboten ist. Dies wirkt sich positiv auf die Interaktion aus und führt zu weniger Konflikten. Dass Babys ihren Unmut noch immer mit Geschrei äußern, ist jedoch ganz normal, da ihnen andere Ausdrucksmöglichkeiten noch weitgehend fehlen.

Viele interessante Objekte kann das Baby nun allmählich eigenständig erreichen.

BABYS VON NEUN BIS ZWÖLF MONATEN

Das erste Jahr geht nun langsam dem Ende entgegen. Die allermeisten Babys haben inzwischen gelernt, sich wesentlich besser selbst zu beruhigen. Natürlich gibt es auch weiterhin Situationen, in denen besonders sensible oder besonders temperamentvolle Kinder eine Regulation von außen benötigen und von sich aus nicht gut aus ihrer Reizüberflutung oder ihrem aktuellen Gefühlszustand herausfinden.

Das Temperament bleibt

Sie haben das Temperament Ihres Kindes in diesem Jahr kennengelernt und auch wenn es sich im Laufe des Lebens anpasst, bleibt es in seiner Grundart bestehen. Ist Ihr Baby langfristig ein sehr sensibles oder sehr temperamentvolles Kind, wird es dies auch bleiben und wohl noch lange auf Ihre Hilfe und Unterstützung angewiesen sein. Sehr sensible Kinder haben es häufig auch etwas schwerer bei der Eingewöhnung in die Kita und brauchen mehr Zeit und Verständnis. Es dauert oft auch länger, bis sie langfristig gut schlafen können, und an anstrengenden Tagen ist ihnen ihre Gereiztheit deutlich anzumerken. Sie brauchen daher besonders viel Rücksicht und einen Tagesplan, der sie nicht überstimuliert und am Nachmittag Entspannungszeiten einplant, die in einen ruhigen Abend überführen. Diese Kinder können einen vollen Wochenplan mit täglich wechselndem Programm nicht gut verkraften. Überhaupt bringt die Zeit um den ersten Geburtstag viele Veränderungen und Kompetenzen mit sich, die verarbeitet werden wollen und manchmal auch zu einer Überreizung führen. Gehen Sie am besten auch weiterhin mit der erlernten Strategie »Beobachten – Verstehen – Handeln« durch das Leben mit Ihrem Kind.

Rückblicke und Ausblick

Doch nicht nur beim Baby gibt es große Ereignisse rund um den ersten Geburtstag: Auch für Eltern ist dies eine emotionale Zeit, in der sie oft auf das erste Jahr zurückblicken mit allen Höhen und Tiefen.
Falls Sie merken, dass Sie die Anstrengungen der ersten Zeit nicht gut verarbeitet haben, sollten Sie sich Hilfe holen. Manchmal steht durch die negativen Erfahrungen auch die Angst vor einem weiteren Kind und die Frage »Könnte das auch so werden?« im Raum. Sollten Sie diese Gedanken quälen und von einem weiteren Kinderwunsch abhalten, ist eine professionelle Unterstützung wichtig, um die Ängste zu bewältigen und die Familienplanung entspannter gestalten zu können.
Sie haben ein besonderes Jahr mit vielen Herausforderungen erlebt und hatten einen schwereren Start als manch andere Familie. Denken Sie aber auch immer wieder an die schönen Momente, die Sie in diesem ersten Jahr hatten. Und vor allem: Halten Sie die schönen Momente weiterhin ganz besonders fest und erfreuen Sie sich daran.
Sie haben sehr viel geleistet in diesem ersten Jahr, für einen guten Start Ihres Kindes ins Leben. Feiern Sie sich und diese Leistung!

Ihr Kind lernt nun, die ersten selbstständigen Schritte zu machen.

Bücher, die weiterhelfen

Gaca, Anja; Stern, Loretta
Das Wochenbett
Kösel Verlag, München
Informationen rund um das Wochenbett

Mierau, Susanne
Geborgen wachsen
Kösel Verlag, München
Bindungsorientierte Elternschaft im ersten Jahr leben

Brisch, Karl Heinz
SAFE – Sichere Ausbildung für Eltern
Klett-Cotta Verlag, Stuttgart
Unterstützung zum Bindungsaufbau

Harms, Thomas
Emotionelle Erste Hilfe
Psychosozial-Verlag, Gießen
Konzept zur Bindungsförderung, Krisenintervention, Eltern-Baby-Therapie

Karp, Harvey
Das glücklichste Baby der Welt. So beruhigt sich Ihr schreiendes Kind – so schläft es besser
Goldmann Verlag, München
Beruhigungsreflexe des Babys aktivieren

Klaus, Marshall; Klaus, Phyllis
Das Wunder der ersten Lebenswochen
Goldmann Verlag, München
Die Entwicklung des Kindes in den ersten Wochen nach seiner Geburt

Klein, Margarita
Schmetterling und Katzenpfoten
Ökotopia Verlag, Aachen
Sanfte, kindgerechte Massagen, die sich leicht in den Tagesablauf einbauen lassen

Marletta-Hart, Susan
Leben mit hochsensiblen Kindern
Aurum Verlag, Bielefeld
Bewusstes Unterstützen und einfühlsames Erziehen von hochsensiblen Kindern

Meissner, Brigitte
Emotionale Narben aus Schwangerschaft und Geburt auflösen
Eigenverlag
Methoden zur Heilung emotionaler Narben

Sahib, Tanja
Es ist vorbei – ich weiß es nur noch nicht
Books on Demand, Norderstedt
Hilfe zur Bewältigung traumatischer Geburtserfahrungen

Schmidt, Nicola
artgerecht – Das andere Baby-Buch: Natürliche Bedürfnisse stillen. Gesunde Entwicklung fördern. Naturnah erziehen
Kösel Verlag, München
Wie Eltern dem biologischen Urprogramm ihrer Kinder gerecht werden können

Schorr, Brigitte
Hochsensible Mütter
SCM Hänssler Verlag, Holzgerlingen
Denkanstöße und praktische Anregungen für hochsensible Mütter, um den Alltag entspannter zu gestalten

Sears, William
Das »24-Stunden-Baby«
La Leche Liga International
Kinder mit starken Bedürfnissen verstehen

Ustorf, Anne-Ev
Allererste Liebe: Wie Babys Glück und Gesundheit lernen
Klett-Cotta, Stuttgart
Grundlagen der Bindungsentwicklung für Eltern

Walka, Frank
Wiegenlieder (mit CD)
Carus Verlag, Stuttgart
Wiegen- und Schlaflieder auf Audio-CD zum Mitsingen

Widmer, Alexandra
Stark und alleinerziehend
Kösel Verlag, München
Wie Alleinerziehende der Erschöpfung entkommen und neue Energie gewinnen können

Aus dem Gräfe und Unzer Verlag

Guóth-Gumberger, Márta; Hormann, Elizabeth
Stillen. Einfühlsame Begleitung durch alle Phasen der Stillzeit
Tipps und alles Wissenswerte rund um das Stillen

Hartz, Sabine; Kienzle-Müller, Birgit; Höwer, Ulrike
Baby in Balance. Weniger weinen, besser schlafen, Bewegung fördern
Erfolgsmethode Kinaesthetics Infant Handling

Imlau, Nora
Das Geheimnis zufriedener Babys
Ratgeber zum ersten Jahr mit dem Baby

Renz-Polster, Herbert; Imlau, Nora
Schlaf gut, Baby!
Ratgeber zum Thema Baby- und Kleinkindschlaf

Adressen, die weiterhelfen

Befindet sich keine der hier aufgeführten Adressen in der Nähe Ihres Wohnsitzes, zögern Sie nicht, bei der Gesellschaft für Seelische Gesundheit in der Frühen Kindheit e. V. nach Unterstützung in Ihrer Nähe nachzufragen:

Gesellschaft für Seelische Gesundheit in der Frühen Kindheit e. V.
GAIMH Geschäftsstelle
Hernalser Hauptstrasse 15, Top 3 / 11
A-1170 Wien
www.gaimh.org

Baby- und Kleinkindsprechstunde der Charité Campus Virchow-Klinikum
Augustenburger Platz 1
13353 Berlin
https://kjp.charite.de/fuer_patienten/baby_und_kleinkind-sprechstunde/

SchreiBabyAmbulanz Kompetenzzentrum Frühe Hilfe e. V.
Weizenkamp 16 A
22081 Hamburg
Tel.: 040-45 9248
www.sba-kompetenzzentrum.de/

Kindernotdienst Hotline
Tel.: 030-61 00 61
https://www.berliner-notdienst-kinderschutz.de
24 h erreichbarer Kindernotdienst, Notfall-Anrufstelle, wenn Eltern so verzweifelt sind, dass sie den Impuls haben, das Kind zu schütteln

Bezugsadressen

Weleda AG
Möhlerstraße 3, 73525 Schwäbisch Gmünd, www.weleda.de
Produkte zur Babypflege und Babymassage wie Babybäuchleinöl

DIDYMOS Erika Hoffmann GmbH
Alleenstraße 8 / 1,
71638 Ludwigsburg
https://www.didymos.de
Tragetücher und Babytragen

Ideen rund ums Kind
Asternweg 1, 85586 Poing
https://shop.ideen-rund-ums-kind.de
Pucksäcke mit ausführlicher Puckanleitung

Internet-Links

Alleinerziehende
https://www.vamv.de
www.starkundalleinerziehend.de
www.mamaarbeitet.de
Hilfen und Anregungen für Alleinerziehende

Die Trageschule® e. K.
http://www.trageschule-dresden.de
Ausbildungsinstitut für Trageberater(innen); mit Adressenliste für Trageberatung

Emotionelle Erste Hilfe
https://www.emotionelle-erste-hilfe.org
Körperorientierter Beratungsansatz, der eine liebevolle Eltern-Kind-Bindung schon in der Schwangerschaft, bei der Geburt und in der ersten Zeit danach unterstützt

Geborgen wachsen
https://geborgen-wachsen.de
Internetseite der Autorin und Familienbegleiterin Susanne Mierau rund um bindungsorientierte Elternschaft

Pucken mit zwei Tüchern
http://www.puckhilfen.de/puckhilfen/puckanleitung-mit-zwei-tuechern
Ausführliche Schritt-für-Schritt-Anleitung

Tragenetzwerk e. V.
https://www.tragenetzwerk.de
Netzwerk der Trageberater(innen) für Informationen zum Tragen von Babys und Kindern

Trageschule Hamburg
http://www.trageschule-hamburg.de
Ausbildungsinstitut für Trageberater(innen); mit Adressensuche für Trageberatung

Trostreich – Interaktives Netzwerk Schreibabys
http://trostreich.de/Start/start.projekt
Selbsthilfeinitiative Trostreich für Familien mit viel schreienden Babys; mit vielen hilfreichen Adressen

Von guten Eltern
http://www.vonguteneltern.de
Internetseite der Autorin und Hebamme Anja Gaca und ihrem Mann Christian rund um Elternschaft

Blogs
Hier finden Sie die ausführlichen Links zu den einzelnen Erfahrungsberichten im Buch:

geborgen-wachsen.de
https://geborgen-wachsen.de/2015/03/09/mein-lautes-kind

littleyears.de
http://www.littleyears.de/blog/uber-das-leben-mit-anspruchs-vollen-babies

oeko-hippie-rabenmuetter.de
http://www.oeko-hippie-rabenmuetter.de/entspann-dich-doch-mal-mama-2

vonguteneltern.de
http://www.vonguteneltern.de/gebarmutterheimweh

2kindchaos.com
https://www.2kindchaos.com/familie/ueber-die-grenzen

Sachregister

Impressum

Projektleitung:
Simone Kohl
Lektorat: Rita Steininger
Bildredaktion:
Nele Schneidewind/Nadia Gasmi
Layout: independent Medien-Design, Horst Moser, München
Umschlaggestaltung: h3a GmbH, Andreas Grassinger
Herstellung: Petra Roth
Satz: Christopher Hammond
Reproduktion: Medienprinzen GmbH, München
Druck und Bindung: Firmengruppe APPL, aprinta druck, Wemding

Printed in Germany

ISBN 978-3-8338-6558-9

1. Auflage 2018

Die GU-Homepage finden Sie unter www.gu.de

www.facebook.com/gu.verlag

Bildnachweis

Sandra Bielmeier: S. 97; Coulerbox: S. 59, 98; Fotolia: S. 14, ; Anja Constance Gaca: S. 4 links; Nadia Gasmi: S. 66; Getty Images: S. 53, 61, 69, 75, 84, 86, 110, 116; iStock: S. 12, 16, 17, 19, 20, 28, 31, 34, 37, 44, 47, 48, 50, 58, 62, 64, 72, 77, 80, 88 rechts, 89 oben und unten, 92, 107,119, 120, 121; Jumpfoto: S. 88 links; Susanne Mierau: S. 4 rechts; Plainpicture: S. 54; Stocksy: S. 5, 6, 8, 22, 26, 32, 38, 52, 57, 71, 73 83, 90, 94, 102, 104, 115, 118; Susanne Mierau: S. 4 rechts;

Syndication:
www.seasons.agency

Wichtiger Hinweis

Die Gedanken, Methoden und Anregungen in diesem Buch stellen die Meinung bzw. Erfahrung der Verfasserinnen dar. Sie wurden von den Autorinnen nach bestem Wissen erstellt und mit größtmöglicher Sorgfalt geprüft. Sie bieten jedoch keinen Ersatz für persönlichen kompetenten medizinischen Rat. Jede Leserin, jeder Leser ist für das eigene Tun und Lassen auch weiterhin selbst verantwortlich. Weder Autorinnen noch Verlag können für eventuelle Nachteile oder Schäden, die aus den im Buch gegebenen praktischen Hinweisen resultieren, eine Haftung übernehmen.

QUALITÄTS G|U GARANTIE

Liebe Leserin, lieber Leser,

haben wir Ihre Erwartungen erfüllt? Sind Sie mit diesem Buch zufrieden? Haben Sie weitere Fragen zu diesem Thema? Wir freuen uns auf Ihre Rückmeldung, auf Lob, Kritik und Anregungen, damit wir für Sie immer besser werden können.

GRÄFE UND UNZER Verlag
Leserservice
Postfach 86 03 13
81630 München
E-Mail:
leserservice@graefe-und-unzer.de

Telefon: 00800 / 72 37 33 33*
Telefax: 00800 / 50 12 05 44*
Mo–Do: 9.00 – 17.00 Uhr
Fr: 9.00 – 16.00 Uhr
(gebührenfrei in D, A, CH)*

Ihr GRÄFE UND UNZER Verlag
Der erste Ratgeberverlag – seit 1722.

Umwelthinweis

Dieses Buch wurde auf PEFC-zertifiziertem Papier aus nachhaltiger Waldwirtschaft gedruckt.

GRÄFE UND UNZER

Ein Unternehmen der
GANSKE VERLAGSGRUPPE

Die werden Sie auch lieben.

ISBN 978-3-8338-6197-0

ISBN 978-3-8338-4598-7

ISBN 978-3-8338-4172-9

Laden im App Store

ISBN 978-3-8338-6195-6

ISBN 978-3-8338-4020-3

e Alle hier vorgestellten Bücher sind auch als eBook erhältlich.

Mehr von GU auf **www.gu.de** und
facebook.com/gu.verlag

G|U
Willkommen im Leben.